U0274513

LIUWEI CAIFU ZHUANXING ZHIDAO

六维财富
转型之道

冯美迎 ◎ 著

清华大学出版社

北京

内 容 简 介

在利率市场化与净值化的大背景下，各银行在经营财富管理业务时必须转变传统观念，应以客户需求为中心，构建综合化的资产配置体系，提升专业服务能力，实现业务的可持续发展。本书作者以三方咨询顾问的视角审视国内商业银行的财富业务发展路径，创造性地提出财富业务转型的"道、法、术、器、势、志"六维哲学方法论，揭示底层逻辑、规划实施流程并提供工具模板，助力金融机构与咨询培训从业者突破管理瓶颈、提升展业能力。

本书封面贴有清华大学出版社防伪标签，无标签者不得销售。

版权所有，侵权必究。举报：010-62782989，beiqinquan@tup.tsinghua.edu.cn。

图书在版编目（CIP）数据

六维财富转型之道 / 冯美迎著.

北京：清华大学出版社，2025.2.

ISBN 978-7-302-68359-9

Ⅰ. F830.33

中国国家版本馆 CIP 数据核字第 2025GQ3805 号

责任编辑：	张尚国
封面设计：	秦　丽
版式设计：	楠竹文化
责任校对：	范文芳
责任印制：	刘　菲

出版发行：清华大学出版社

网　　　址：https://www.tup.com.cn，https://www.wqxuetang.com

地　　　址：北京清华大学学研大厦 A 座　　邮　　编：100084

社 总 机：010-83470000　　　　邮　　购：010-62786544

投稿与读者服务：010-62776969，c-service@tup.tsinghua.edu.cn

质量反馈：010-62772015，zhiliang@tup.tsinghua.edu.cn

印 装 者：三河市东方印刷有限公司

经　　销：全国新华书店

开　　本：170mm×240mm　　印　张：13.75　　字　数：185 千字

版　　次：2025 年 3 月第 1 版　　　　　印　次：2025 年 3 月第 1 次印刷

定　　价：79.80 元

产品编号：110858-01

序
PREFACE

提笔这一刻，意味着正式开始撰写本书，我更愿意将本书称为"厚积偶成"之作。自 2009 年进入金融咨询培训行业以来，那颗种子或许已经埋下，或是期待在将来的某一个时点写一本咨询行业经历与感悟的回忆录，抑或将过往所实践之事提炼总结出经验再编辑成册，斟酌再三我选择了后者，希望其源于行业实践，回归于行业应用。

这是一本以利率市场化和净值化为时代背景的探讨财富业务转型与发展的工具书，也是一本以三方咨询顾问的视角来审视、归纳与总结国内商业银行发展财富业务路径的参考工具书。当前，财富管理业务已被国内各大金融机构提升到战略层面，这些金融机构结合自身的资源禀赋，有针对性地设计财富业务的发展愿景、战略目标，规划落地实施的具体路径。

如今，很多书和培训项目声称可以助力提升财富业务管理能力和提高业绩，但其实能做到的寥寥无几，大都是些不接地气的理论，抑或点到即止的泛泛之谈，难以从系统性层面构建财富业务转型的发展框架。这本工具书则不同，它详细地归纳、总结并创造性地提出财富业务转型的"道、法、术、器、势、志"六维哲学方法论，并为每个主题揭示底层逻辑、规划实施流程并提供工具模板。无论你是金融机构财富管理条线的从业者还是金融咨询培训行业的从业者，你都可以从这本工具书中找到助你打破瓶颈、提升组织与个人能力的方法。财富业务转型与发展之路要一步一个脚印地走，需要久久为功，而最快捷容易的方法是从一开始就采用正确的方法和逻辑开展，这将会大幅缩减取得成效的时间。拙作提炼于过往 15 年的从业实践，属于个人的一孔之见，书中的一些观点与看法不一定适用于所有类型商业银行的现实，错误与缺失在所难免，恳请不吝赐教，如能够吸引更多的从业者一起切磋、探讨，则更感荣幸。

我认为，财富业务转型与发展这件事本身魅力无限，因为它践行着一种价值观：以客户为中心，以 AUM 为核心，以利他的视角，为客户创造极致的服务体验和盈利体验，最终赢得管理客户 AUM 的增加。大多数成功实现财富业务转型与发展的机构将此事作为战略定位，大多数成功的客户经理（不同类型的金融机构对此叫法不同，有些叫理财经理，有些叫客户经理，有些叫理财师，本书为了便于讲解，统一称为客户经理）全身心投入其中，对他们来说，客户经理不仅是一份工作，更是一份可以终身从事的事业。随着利率市场化和产品净值化，金融产品与服务趋于同质化，未来数年将会充满挑战，但又不乏机遇与惊喜，因为我们正在为自己所热爱的事情而投入。

这本"厚积偶成"之作能够面世，离不开众多领导、同事、朋友、家人的支持与帮助，在此一并表达由衷的谢意：特别感谢上海沃盟数科教育科技有限公司董事长潘剑波先生、总经理周丽娟女士给予的信任，感谢同事兼好友金贞子女士在本书的资料收集、数据整理、表格制作等方面所做的大量艰苦细致的工作，最后感谢家人对我长期从事咨询培训工作的理解、包容与关爱。

目 录
CONTENTS

第一篇

财富业务转型与发展之「道」及方法论框架

"道以明向"，财富业务本质上是一项利他服务，它要关注财富背后的人、家庭和企业，而不只是财富本身。本篇旨在构建"道、法、术、器、势、志"六维哲学方法论。

第一章

以终为始，构建财富业务转型与发展之道及方法论框架

第一节 | 财富业务与财富业务转型

随着我国 GDP 增速从过去的高增速进入现在的中低增速，国内商业银行传统息差的经营模式面临着净息差收窄的不可逆转的经营压力。从 2024 年第一、第二季度数据来看，银行业净息差均为 1.54%，续创历史低位。虽然第二季度与第一季度持平，体现息差下行趋于稳定，但从长期来看，息差有进一步缩窄的趋势（见图 1-1）。

商业银行依靠传统息差发展的经营模式已经不能满足自身发展需要，为了改变现状，中间业务成为应对资本充足率压力、丰富收入来源、争夺客户资源及赢得市场竞争的关键抓手。以招商银行为代表的商业银行开始纷纷启动零售与财富业务转型，以期推动非利息净收入的增长，提升非利息净收入在整体营收

中的占比。招商银行 2023 年年报显示，全年招商银行非利息净收入在营收占比中接近 40%，与国外优秀的银行水平相当。图 1-2 是 2024 年上半年国内外主流商业银行营业收入结构对比分析。

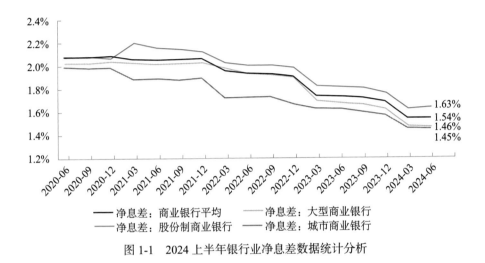

图 1-1　2024 上半年银行业净息差数据统计分析

数据来源：德勤《中国银行业 2024 年上半年发展回顾与展望》。

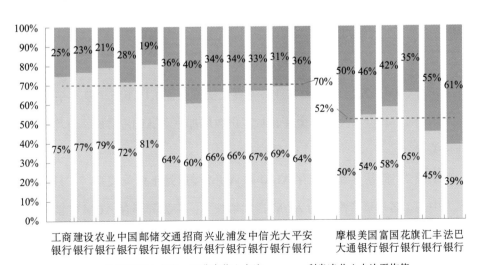

图 1-2　2024 上半年国内外主流商业银行营业收入结构

数据来源：德勤《中国银行业 2024 年上半年发展回顾与展望》。

但纵观国内商业银行的经营模式转型升级之路，还需要一个漫长的过程实现转变，国有六大行、股份制商业银行、区域性城商行和农商行因为监管政策和过去历史经营模式的限制，难以复制招商银行财富管理转型的最佳实践做法，不同类型的商业银行如何探索出一条差异化且具有同类银行共性的零售与财富业务转型之路，财富管理转型作为提升手续费及佣金净收入的重要手段，已成为国内商业银行的必选之路。

关于财富转型，业内有一个共识，衡量一家银行开展财富转型成败的标志是非存 AUM（资产管理规模）规模与非存 AUM/AUM。为有效推动财富转型，各银行纷纷效仿招商银行财富转型之道：做大代发和信用卡高覆盖率带来客群增长驱动 AUM 增加；AUM 向左走是存款，向右走是非存 AUM；非存 AUM 中理财、基金、保险、信托服务等产品构成结构决定手续费及佣金收入（中收）（见图 1-3）。

图 1-3　财富转型理念逻辑

招行 2004—2024 年的财富业务发展之实践验证了以下三个基本结论：

结论 1：双金（金卡与金葵花）客户数增加驱动 AUM 增加，户均资产提升是关键。

结论 2：储蓄存款、非存 AUM 跟 AUM 增速是正相关关系。"只有以客户为中心，客户资产配置的 AUM 持续增长了，存款和非存 AUM 才能顺势增长，非存 AUM 的产品构成结构决定中收"。

结论 3：大量客户选择将支付结算主账户和理财主账户都放在主办行，资金大量沉淀成为活期存款，从而降低负债成本。

基于以上财富转型之道设置财富转型相关考核指标体系，如表 1-1 所示。

表 1-1 商业银行财富转型指标考核体系示例

指 标 体 系	子指标项目
中收类	财富中收
	复杂产品中收
客户类	私行客户净增（AUM ≥ 600 万元）
	贵宾客户净增（50 万 ≤ AUM<600 万元）
	富裕客户净增（10 万 ≤ AUM<50 万元）
	价值客户净增（1 万 ≤ AUM<10 万元）
非存 AUM	非存 AUM 净增
	理财净增（理财净增 = 考核期末零售客户月日均理财 − 考核期初零售客户月日均理财）
	非货基金净增（基金净增 = 考核期末零售客户月日均基金 − 考核期初零售客户月日均基金）
人均产能提升率	人均产能提升率 =（考核期末理财队伍人均产能 − 考核期初理财队伍人均产能）/ 考核期初理财队伍人均产能

但理想是丰满的，现实是骨感的，在财富转型推进过程中，很多银行短期内都出现存款下降，非存 AUM 上升，最终在实施过程中犹豫不决。如果用一句话来总结过往二十年财富管理之路，可以归纳为："大规模代发 + 高信用卡覆盖"是因，MAU 和 AUM 双北极星指标设计、财富中收提高是果（见图 1-4）。

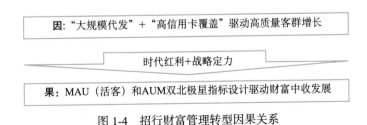

图 1-4 招行财富管理转型因果关系

一个有意思的话题是如果放在今天这个时点，让招商银行重来一次，是否还能成功？招商银行的模式为什么在今天很多银行难以复制？这些都是值得每家正在开展财富转型的商业银行去深思的话题。

第二节 | 财富业务转型的关键问题与目标

开展财富业务转型需要思考两个关键问题：一是财富业务转型的目标是什么；二是为达成财富业务转型目标，转型与发展的方法论框架如何构建。

关于财富业务转型的目标，行业的最佳实践可以总结为"始于战略定位，基于能力发展，助力业绩提升"。财富业务转型与发展要实现的是三位一体的目标，需坚持以终为始的思维与理念：一是始于战略定位，核心包括客户战略、产品战略、队伍战略、科技战略等；二是基于能力发展，围绕财富业务客户经营全旅程（即获客、黏客、管客），建立三大核心能力，同时围绕核心能力进行营销流程设计、管理机制支撑、具体策略推动、核心队伍与系统支持等一系列配套能力建设；三是助力业绩提升，实现财富客户数（一般定义为近三个月年日均资产 ≥ 50 万元，不同类型银行对此叫法不同，招商银行称之为"金葵花级以上客户"，本书统一叫财富客户）、管理 AUM、中间业务收入、资配达标率等财富业务战略下的核心业绩目标。

在研究并实践了若干家不同类型的银行财富业务转型的基础上，实践心得被提炼出来，核心心法归纳总结为"一个中心，四环飞轮"之策，以这个模型为基础，整个财富业务增长策略体系才能够成为闭环，客群增长→储蓄存款→AUM 增长→非利息收入增长的经营逻辑才能够理顺（见图 1-5）。

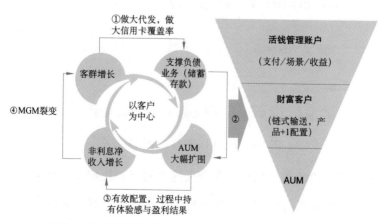

图 1-5 财富业务转型"一个中心，四环飞轮"经营逻辑

第三节　|　财富业务转型的方法论框架

在利率市场化与净值化的大背景下，财富管理业务必须转变传统观念，以客户需求为中心，构建综合化的资产配置体系，提升专业服务能力，实现业务的可持续发展。基于财富业务转型与发展的实践，为了更加系统化、逻辑化呈现财富业务转型的完整框架和脉络，本书首创性地构建了"道、法、术、器、势、志"六维哲学方法论框架，框架包含"道以明向，法以立本，术以立策，器以成事，势以借力，志以明心"六大维度。本书通过六维体系的详细阐述，为行业提供了一套科学、系统的转型方法论、落地实施路径与工具。

道：明确定位，明晰转型路径。

法：创新策略，引领价值趋向。

术：专业技能，提升服务价值。

器：科技赋能，打造高效平台。

势：借势而为，把握市场机遇。

志：坚定信念，拓展认知边界。

如图 1-6 所示。

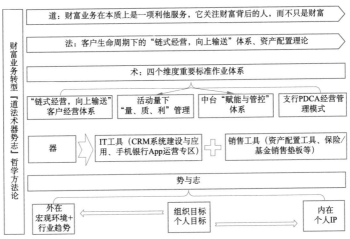

图 1-6　财富业务转型"道、法、术、器、势、志"六维哲学方法论

第二章

六维哲学方法论的内涵解读

第一节 | 财富业务转型与发展之"道"：
　　　　　道以明向

　　财富管理业务的本质是一项利他服务，它是一种以关注客户需求、为客户创造情绪价值和专业价值为核心的商业模式。财富管理专业价值创造能力体现为筛选优秀管理人能力、构建精选产品池和大类资产配置能力，是财富管理业务稳定的盈利来源；情绪价值传递能力体现为对市场环境、客户需求的精准洞察，实现以客户需求为核心的组合方案提供，并通过持续的投后陪伴助力目标达成。特别是在产品净值化时代，当市场发生变化且引发产品净值变化时，投后的跟踪陪伴所体现的不仅仅是配置方案调整所带来的专业价值，更体现在帮助客户提升对于市场与产品认知所带来的情绪价值，从而影响客户的决策。

一言以概之，财富管理业务本质上是一项高度专业且利他的服务，它关注财富背后的人、家和企业，而不只是财富本身。

第二节 ｜ 财富业务转型与发展之"法"：
法以立本

财富业务转型与发展之法不是方法，而是发展财富业务的一种思维方式，是践行道以明向的具体体现，是以客户为中心、以管理 AUM 为核心的经营理念的实现，需要自上而下统一构建两个维度的准则：一是围绕客户五大全生命周期（即新客获取、潜客提升、稳定经营、流失预警、流失赢回）构建基于客户流、产品流与权益/活动流的客户经营体系；二是围绕客户资产的配置，提供满足不同家庭生命周期阶段和不同风险偏好客户的产品组合方案并实施落地，坚持站在客户立场动态检视大类资产缺不缺、配置比例够不够，而不是只盯着产品销量有多少。

第三节 ｜ 财富业务转型与发展之"术"：
术以立策

财富业务转型与发展目标的实现需要高效的流程、工具与方法予以支撑，应从术的层面构建四个维度标准化作业体系：一是"链式经营，向上输送"客户经营流程与方法，重点在于建立客户资产分层、属性分群、贡献度分级下的经营体系；二是活动量下的"量、质、利"管理体系，重点构建三访（即电访、面访、陪访）方法和对三访的检视闭环管理体系；三是财富业务中台"专业赋能与业务管控"体系，重点构建中台岗位履职下的标准化工作流程和中台岗位之间高效协同的经营模式；四是二级支行网点 PDCA（全面质量管理）管理模式，重点以 PDCA 方法论为基础，系统建立支行财富业务目标管理、过程管理、管理检视、绩效辅导与团队管理标准化内容与执行标准。

第四节 | 财富业务转型与发展之"器"：
器以成事

　　财富业务转型与发展之器是与提升业务运行效率相关的 IT 工具和销售工具支撑体系。一是辅以客户经营旅程流程落地的 CRM（客户关系管理）系统建设与手机银行 App 专区运营阵地建设。CRM 系统建设的核心在于构建丰富多维的 360 客户视图和基于商机事件下的精细化服务营销流程；手机银行 App 专区运营阵地建设的核心在于改善与提升客户体验。二是销售工具支撑，包含季度大类资产配置报告、资产配置建议书、三访（即电访、面访与陪访）流程与话术手册、产品销售垫板（资产配置理念垫板、权益类基金营销垫板、保险销售垫板等）等能够提升营销效率的系列工具包。

第五节 | 财富业务转型与发展之"势"与"志"：
势以借力、志以明心

　　财富业务转型与发展之势与志，讲的是外与内两个维度。

　　从势的维度看，一是外在的维度，财富业务的发展受宏观经济的环境与微观行业的监管政策约束较大，换句话说，每个时代都有每个时代的核心资产，每个时代也都有每个时代的配置策略，例如 2018 年资管新规出台后，非标资产的配置注定走到了末路，那些仍习惯于配置高收益非标资产的客户最后大概率只能接受"暴雷"；2022 年 11 月，因债市的波动而导致净值化理财产品回撤，注定对于认知不充分的客户会选择赎回而导致行业理财保有量的规模下降；2021 年以来，国内大中城市住宅地产价格的波动让客户对于住宅地产的金融投资属性产生迟疑，尽管国家一直在提"房住不炒"，但不可否认的是，

在 2018 年以前住宅地产确实具有很强的"金融投资属性",尤其是上海、北京、深圳等一线城市,这些外在的势对于财富业务的发展影响巨大,若顺应大的趋势,将会使财富业务的转型与发展事半功倍;二是内外的维度,中台人员能够以内部客户(二级支行网点与客户经理)为导向,提供强有力的赋能与支撑,客户经理如何打造金融顾问的人设而非产品推销员,做到不卖产品,而是让客户选产品和买产品,这绝非易事,而一旦做到,将构建起很高的竞争壁垒,这都是内在的势。

从志的维度看,不论是组织目标还是个人目标,都是从短期、中期、长期的视角进行设定:短期目标是达成当下财富业务发展的核心指标;中期目标是组织想在财富业务上达成什么样的战略和个人想在财富管理行业成为什么样的人;长期目标是利他服务,关键在于能够为客户创造多少价值。

第二篇

财富业务转型与发展之『法』

"法以立本"，财富业务的法不是方法，而是一种展业准则，是未来持续五年、十年甚至二十年做一件事所坚持的发展准则。

第三章

客户生命周期下的"链式经营，向上输送"体系

第一节 | "以客户为中心"理念下的财富业务竞争策略

在利率市场化和净值化的背景下，财富客户对于银行服务的要求，已经从单纯满足投资需求的资产管理向财富管理进行转变，从自身延展至家庭和企业，期望的是获得全方位的金融规划与服务，其范畴涵盖资产配置、投资管理、税务规划、子女教育规划、养老服务规划、遗产规划等方面，因此对服务的持续性和个性化提出新的要求，要求银行的服务不再是一锤子买卖，而是陪伴式的终身服务。

"以客户为中心"要建立在基于客户生命周期的长视角里，伴随着客户财富增值，客户在这家财富管理机构（如银行）AUM 的持续增长就是唯一的判断标准，因此，财富业务的核心竞争目标是管理财富客户数、客户AUM和AUM构成结构中不同类型资产（如存款、净值化理财、基金、保险、资管等产品）的收益率。

从实践来看，很多商业银行在推动财富业务转型与发展时会将非存款AUM与总AUM的占比和财富级以上客户资配达标率客户数占比[资配达标率判定标准：存款、理财、非货基金（不含权益）近三个月月日均≥1万元，权益基金近三个月月日均≥1000元，长期期交保险、资管信托近三个月月日均＞0元]作为衡量财富业务转型是否成功的重要标准。如图3-1所示。

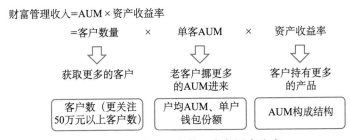

图 3-1 财富管理业务核心竞争因素公式

财富管理业务带来的收入主要是管理费，这种管理费是基于客户AUM下的配置结构来收取的，所以财富管理业务竞争的实质是做大财富级以上客户数量、提升户均资产并赢得单个客户更多的钱包份额、实现资产配置结构的合理化（即持有更多不同类型的资产与产品）。这个道理不难理解，客户认同财富管理机构的策略、认可客户经理的专业能力，就愿意在这里配置更多的资产，将信任转化为产能。

第二节 | "以客户为中心"理念下的客户分层差异化服务模式

为提升财富业务的竞争力，各家银行纷纷搭建基于客户分层体系下的差异化客户经营管理模式，为不同层级的客户匹配相应的服务资源，实现客户差异化经营和管理模式。图3-2是招商银行与建设银行差异化团队服务模式。

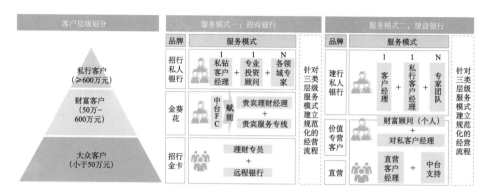

图 3-2　客户资产分层下的招商银行与建设银行差异化服务模式

不论是以招商银行为代表的股份行，还是以建设银行为代表的国有六大行，在财富业务转型与发展上都在搭建客户资产分层下的差异化团队服务模式。这种模式能够对各个资产层级客户进行有效的关系维护，拉动 AUM 增长，助力客户实现等级提升。

从目前的行业实践来看，基本上已经形成共识的做法是划分为三个层级，并围绕不同层级客户构建不同的经营模式，可以总结为：长尾客户做直营，中高端客户做专营，私行客户做私营。

一是长尾客户的直营模式。通常由远程中心服务团队来实现，核心策略是"远程客户经理 + 企业微信 + 行内 App（如建行手机银行 + 建行生活）"。

二是中高端客户做专营。以二级支行贵宾理财经理管户经营为核心，以分行财富部的财富顾问（FC）为支撑，搭建叠加协作服务模式。

三是私行客户做私营。通常是以实体私行中心为运营阵地，以"1+1+N"的协同协作服务模式提升私行客户体验感，即私行客户经理 + 投资顾问 +N 个领域的专家（含金融领域大类资产 / 产品专家、非金融领域法律 / 税务 / 教育 / 移民规划等）。在该模式下，不同银行对两个"1"和"N"的定义有所不同。表 3-1 是四家代表性银行"1+1+N"的模式。

表 3-1　四家代表性银行"1+1+N"的模式

代表性银行	"1"	"1"	"N"
平安银行	私人银行客户经理	总行投资顾问	内外部细分领域专家顾问
中信银行	支行客户经理	分行投资顾问	总行投资顾问和集团内外部专家团队
交通银行	客户经理	私人银行理财顾问	个人财富管理专家团
中国银行	私人银行家	专业投资顾问	集团全方位金融服务平台

　　总体而言，第一个"1"是指专门服务于私人银行客户的客户经理或私人银行家，重视与客户的关系管理；第二个"1"是指专门提供一对一资产管理服务的投资顾问、财富顾问；"N"是指专家团队，主要由专门从事投资研究、投资理财、资产配置、财富保障与传承、公司金融、跨境服务以及法律、税务、财务等财富管理相关领域的行内外专家组成，为私人银行和高净值个人客户提供包括日常咨询和专业培训在内的专业支持。

　　基于此模式，行业实践希望通过对不同资产层级和贡献度的客户提供差异化服务模式，最终实现客户资产的提升和等级的跃升。此业务通常称之为"链式经营，向上输送"客户经营模式，如图 3-3 所示。

第三节　｜　客户五大生命周期经营旅程下的经营策略

　　为实现财富业务的核心目标，这里将客户经营视为旅程，意在强调服务的持续性和动态性，而新客获取、潜客提升、稳定经营、流失预警和流失赢回五大场景可以被视为客户旅程中最重要的五个"站点"，也是保障旅程能够顺利到达目的地的关键节点，在这五个"站点"，需要主动识别不同阶段的客户需求，设计相应的客户经营策略（此类内容将在第三篇第一章中详细描述，本节不做过多阐述）。

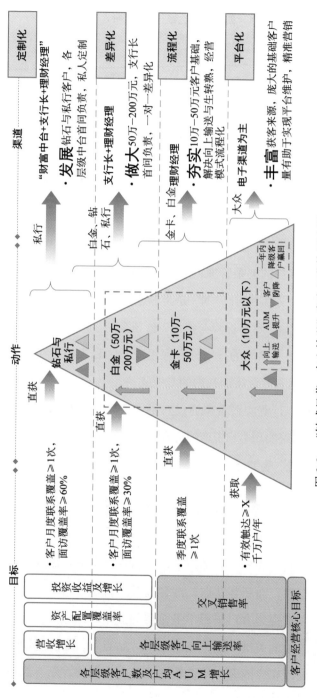

图 3-3 "链式经营，向上输送"客户经营体系示例

第四章

资产配置理论与正确的打开方式

在 2018 年资管新规落地实施以前，"保本保收益"的刚兑形态产品是主流，客户关心的是资产组合所带来的绝对收益，当市场中存在"高收益、低风险"的资产时，只需要投资单一资产，没有必要做资产配置，也就意味着在"刚兑"年代"赚钱"并非难事，住宅地产投资、高收益理财产品、信托产品等都成为财富的加速器。而如今，在全球经济震荡、新经济环境、新监管政策背景下，"资产荒"成为流行词，"高收益、低风险"的资产根本不存在，未来投资单一资产而取得低风险、高收益的可能性越来越低。在这种大背景下，资产配置显得尤为重要，有效的资产配置可以在很大程度上降低资产组合的相关性，同时带来风险可控下的稳定持续的投资回报。

财富管理业务也从过去的单一产品销售朝多元化资产配置进行转变，围绕现金管理类、固定收益类、权益投资类、保险保障类和另类投资类五大类型产品与资产展开，以下是招商银行财富管理业务开展的 TREE 资产配置理念与产品大类。如图 4-1 所示。

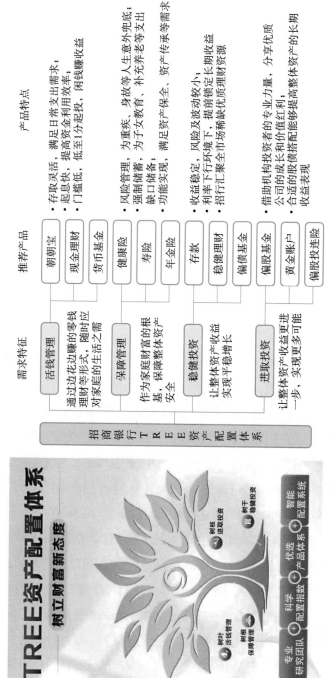

需求特征	推荐产品	产品特点
活线管理 通过边花边赚的零线理财等形式，随时应对家庭的生活之需	朝朝宝	• 存取灵活，满足日常支出需求； • 起息快，提高资金利用效率； • 门槛低，低至1分起投，闲线赚收益
	现金理财	
	货币基金	
保障管理 作为家庭财富整体资产基，保障体资产安全	健康险	• 风险管理，为重疾、身故等人生意外兜底； • 强制储蓄，为子女教育、补充养老等支出缺口储备； • 功能实现，资产保全、资产传承等需求
	寿险	
	年金险	
稳健投资 让整体资产收益实现平稳增长	存款	• 收益稳定，风险及波动较小； • 利率下行环境下，提前锁定长期收益； • 招行汇聚全市场稀缺优质理财资源
	稳健理财	
	偏债基金	
进取投资 让整体资产收益更进一步，实现更多可能	偏股基金	• 借助机构投资者的专业力量，分享优质公司的成长和价值红利； • 合适的股债搭配能够提高整体资产的长期收益表现
	黄金账户	
	偏股投连险	

招商银行 TREE 资产配置体系

图 4-1　招商银行 TREE 资产配置理念与产品矩阵体系

招商银行以"招财树"形象作为品牌载体（见图 4-1），以树的树叶、树根、树干、树枝分别代表活钱管理、保障管理、稳健投资、进取投资四类资产，富含寓意并体现彼此之间的共生共荣关系，并给予客户直观清晰的印象。树叶代表"活钱管理"，树叶是大树转化养分的"生存"担当，寓意灵活取用，活期管理能解决家庭的生活之需；树根代表"保障管理"，完善的种类（如健康保障、教育保障、养老保障、人身保障、财富传承）和充足的保额让树根扎得更深更广，寓意安稳牢靠，作为财富的根基，保障整体资产牢靠；树干代表"稳健投资"，树干能使大树保持稳定、承载风雨，寓意财富主体稳固，稳健投资能够帮助资产实现平稳增长；树枝代表"进取投资"，大树的整体延展需要不断依赖树枝，寓意延伸高远，进取投资能够帮助整体资产收益更进一步。

表 4-1 招商银行"招财树"形象

资产大类	资产特点	对应客户需求	对应产品需求	
			产品属性	产品类型
活钱管理	短期开销、随时可用的钱	通过边花边赚的零钱理财形式，随时应对家庭的生活之需	存取灵活、起息快、门槛低	朝朝宝、现金类理财、货币基金等
保障管理	应对人生中可能发生的风险、为生活托底的钱	作为家庭财富的根基，保证整体资产安全	保障重疾、人身意外等风险；保障子女教育、养老等未来支出缺口；保障资产安全、资产传承	健康险、寿险、保障类年金、实物黄金等
稳健投资	风险相对较低、收益相对稳定的钱	整体资产收益可实现稳定增长	收益稳定、风险波动小；锁定长期收益	偏债基金、稳健理财、万能险等
进取投资	适度承担风险、追求更高收益的钱	整体资产收益可更进一步，实现更多可能	平均年化收益较高，波动较大；分享经济增长带来的价值红利	偏股基金、黄金账户、偏股投连险等

第一节 | 树立正确的资产配置理念：
资产配置"三多"理念

当面对形形色色的客户时，我们会发现每个人都有不同的诉求，比如：有些家庭每年要安排全家外出旅行，有些家庭需要为子女预留教育金、创业金，有些家庭需要为自己安排高品质的养老生活。没有一套资产配置模型能够放之四海而皆准，因此需要根据每位服务的客户进行个性化的资产配置。无论如何，所有客户的诉求都可以概括为两个维度：特定时间的投资需求和非特定时间的投资需求。个性化的资产配置能够帮助客户实现在特定时间的资金需求，同时依据每个人的收益预期、风险偏好、投资期限等不同约束条件，客户经理为其撰写专属的资产配置建议方案，推动方案实施落地并定期跟踪反馈。

对财富客户和高净值客户而言，未来的资产配置要遵循三个原则：多类别、多市场和多周期，如图 4-2 所示。

图 4-2　资产配置"三多"理念与原则

一、原则 1：多类别

我们都知道"不要将鸡蛋放在同一个篮子里"的投资原理，因为放在不同的篮子里，鸡蛋就不容易在同一时间被打碎，这是分散化带来的好处。对于金融资产的配置而言，简单来说，就是在同一时间内总会有一些资产表现好，有一些资产表现差，通过将相关性比较低的资产组合在一起，可以使一些表现好的资产填补表现差的资产，从而降低组合的波动率，获得持续稳定的收益。不要将鸡蛋放在同一个篮子里，但是要将鸡蛋放到哪几个篮子里，每个篮子里要放几个鸡蛋，这其实是资产配置的核心问题：资产配置就是要选择优质的资产（篮子），并在资产之间做有效的分散和不同比例的配置（放不同个数的鸡蛋）。

二、原则 2：多市场

随着财富的积累、政策的放开、渠道的拓宽，越来越多的客户在海外市场进行资产配置。相比国内市场，海外市场有着更成熟的机制和更丰富的经验积累。各大类资产历史回报证明，通过参与海外市场能够找到更多的投资机会。而之所以在资产配置组合中，要配置美元类资产，其中很重要的原因是高净值人士的家庭越来越国际化，子女去海外接受教育、企业业务国际化、移民享受高品质生活、国内"资产荒"等主客观需要都促使高净值人士通过跨国别的方式进行资产配置。打个比喻来说，不进行多市场配置，就相当于把所有装鸡蛋的篮子都放在一辆车上，而一旦这辆车出了毛病，整体资产组合就会背负巨大的风险。这里最现实的一个例子，就是 2022—2024 年（截至 8 月底）的近三年时间，因美元加息和美元类资产（如美元定期存款、纳斯达克指数、分红型保险）都有非常不错的表现，很多高净值人士纷纷提高美元类资产配置的比例以对冲国内"资产荒"，从而提升资产组合的稳定性和收益性。

三、原则 3：多周期

高品质的生活是客户家庭所追求的目标，而要实现高品质的生活，就需要根据生活的目标对资金进行合理安排，由于对资金需求的时间、重要性不同，资金管理和投资渠道也各不相同。比如，日常吃、穿、住、行等要花的钱对流动性要求高，通常来说要进行短期配置，如活期存款、保本类资产的现金等价物；教育金、结婚准备金、创业准备金、养老金等在未来某一时点必须支出的资金，通常来说要进行中期配置，且资金对保本的要求高，可以投资于债券、信托、保险等低风险的固收、类固收资产；部分资金对时间和重要性都无明确的要求，通常来说要进行长期配置，资金对保值增值的要求高，可以投资于私募股权、地产金融、资本市场等权益类资产。

基于不同的生活目标，按照对资金需求的时间和重要性不同，可将资产进行短、中、长期合理分配，以保证家庭资产既能实现高品质生活，又能实现长期、持续、稳健的增长。

第二节 | 资产配置理念的沟通逻辑与实施步骤

一、资产配置沟通逻辑

针对财富客户进行专业配置与营销，核心关键点是需了解客户大类资产缺不缺和客户资产配置对不对。通常，应从销售流程四个步骤（即客户洞察、投资建议、交易执行和售后维护）、大类资产检视两个维度（即投资规划和保障规划）、问题诊断两个标准（大类资产缺不缺、客户资产配置对不对）、配置建议四个方面构建资产配置落地的专业化体系，如图 4-3 所示。

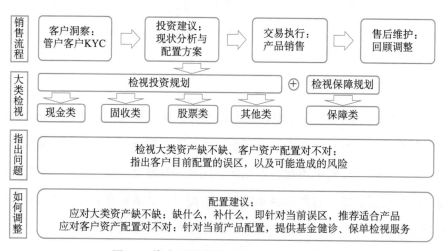

图 4-3 资产配置沟通逻辑与落地专业体系

二、资产配置实施短、中、长期落地要点

为了有效推动财富客户的管理与资产配置的落地，从实践角度来看，各家商业银行均会按季度、半年度、年度根据宏观环境，给出相关的资产配置建议策略，同时根据短期、中期与长期阶段目标，设置短期产品覆盖率、中期持有四品客户数和长期资配达标率的目标来推动财富业务的发展，如图 4-4 所示。

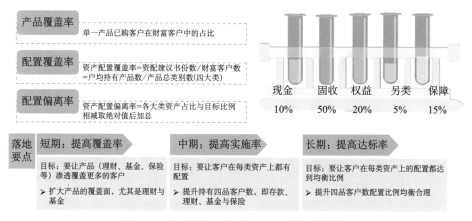

图 4-4　资产配置实施短、中、长期落地要点

这里需要说明的是，尽管各家银行在推动财富业务转型过程中都在提"坚持以客户需求为导向"，但考虑到考核的导向和业务实际的需要等多方面的因素，很多时候以业务和产品为导向，因此就出现了过去的乱象，即"××产品是总行重点产品，只有卖这个产品才有中收，甚至是补充中收"，对于这些现象的缘由是值得去做深层次思考的，可能视角不同，结论也不尽相同。但是从客户经营的实际角度来说，我们应尽可能先去培育一批理财、基金、保险客户，因为老客户的复购率和复购金额的提升是未来增量业务的核心来源；然后，去考量有多少单个客户持有四种类型的资产和产品，即存款／现金管理类、非货理财、保险和非货基金；最后，去检视持有四种类型资产和产品的客户配置是否均衡，也就是说，有没有个别资产出现超配或者低配的现象，如果有，则尽可能通过投后做再次平衡和配置，进行再调整。

第三篇

财富业务转型与发展之『术』

"术以立策"，应注重财富业务落地的高效路径、流程与方法，建立四个维度的标准化作业体系。

第五章

"链式经营，向上输送"客户经营体系

客户经营旅程管理是构建客户与银行从建立业务关系到完全终止关系的全过程中各个阶段的发展轨迹和总体特征，旨在强调服务的持续性和动态性。各家商业银行也都围绕客户经营旅程建立一套针对不同生命周期客户的服务和营销流程。客户经营旅程管理是根据客户与银行之间的关系、客户与银行之间的产品持有数量与忠诚度构建客户经营管理的闭环全流程。

第一节 | 客户五大生命周期经营旅程下的产品、权益与活动经营策略

客户五大生命周期经营旅程下的产品、权益与活动经营策略是为了构建标准化客户经营体系。在全生命周期旅程经营下，

客户 AUM、持有银行产品 / 服务数量、交易频率是衡量客户的贡献度和忠诚度的重要指标。从本质上来说，客户经营的核心是经营客户对银行和客户经理的信任度。信任度的建立依靠客户对银行的产品与服务的使用。客户经理在客户经营过程中起到了连接客户与产品的纽带作用，而这一纽带作用能否让客户感受到客户经理的价值并产生信任显得尤为重要。

　　新客获取、潜客提升、稳定经营、流失预警和流失赢回五大场景可以视为客户旅程中最重要的五个"站点"，也是旅程能够顺利到达目的地的关键节点。在这五个"站点"，需要主动识别不同阶段的客户需求，设计相应的客户经营策略；而客户经营策略的核心是"三流"，即产品流、权益流与活动流。"三流"实际上是除银行品牌和服务客户的客户经理外，能够赢得客户的最核心"武器"和"工具"，如图 5-1 所示。

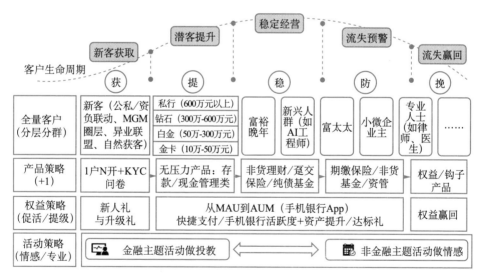

图 5-1　客户五大生命周期经营旅程下的产品、权益与活动经营策略

　　客户五大生命周期经营旅程下的产品、权益与活动经营策略是以客户资产分层属性分群为基础，以新客获取、潜客提升、稳定经营、流失预警和流失赢回五大关键旅程"节点"为主线，明确在五大关键旅程节点下的产品、

权益与活动策略，即"1条主线（五大经营旅程），3项配套（产品、权益、活动）"。

一，从产品策略来看，一般会遵循产品（+1）策略，即新客获取阶段配置钩子产品与无压力业务（如手机银行、快捷支付绑卡、风险测评等）、潜客提升阶段配置无压力产品（如存款、现金管理类产品、客群专属产品）、稳定经营阶段配置重点产品（如非货理财、非货基金、保险），随着客户对客户经理的信任度的提升，持有产品数量也相应增加，同时产品类型也从简单产品朝复杂产品进行过渡。关于客户持有产品数量，财富行业有句话叫"客户持有产品数越多，流失率越低"。而在净值化时代，客户持有产品数越多，流失率也有可能越高，这是因为净值化产品会随着宏观债市、股市等波动而引发净值的变化，如果投后陪伴服务无法实现情绪价值和专业价值的传递，则很有可能导致客户资产流失甚至销户。

二，从权益策略来看，一般是围绕主结算和主财富账户进行设置，一方面期望通过快捷支付、手机银行等权益活动的设置，能够提升客户交易频率与活跃度；另一方面通过建立基于客户资产分层下的常态化权益体系，来促使客户资产提升，实现等级跃升和维护某一等级达标客户（如私行客户权益会设置"每周一杯星巴克"的福利、年度高端健康体检等）。

三，从活动策略来看，一般会通过非金融主题活动和金融主题活动建立活动体系。非金融主题活动可拉近与客户之间的距离，提升与客户之间的熟悉度，了解客户的更多信息，以便于找到更多服务切入点；金融主题活动可展示专业价值，提升客户认知，转变财富管理理念，进而实现产品的销售。

结合客户五大生命周期经营旅程标准化体系与行业最佳实践，目前商业银行普遍存在以下四个核心的堵点问题，即新客获取营销策略、新客蜜月期经营、客户生转熟与防流失。围绕客户五大生命周期经营旅程四个核心的堵点问题，须提炼出最佳实践的做法。

第二节 | 新客获取关键策略之新客获取"三板斧"

　　说到底，财富业务是一个讲究关系和经营信任的生意，每个成功的二级支行网点和客户经理都非常重视与客户之间的关系。而不论是成功还是不成功的二级支行网点，都会面临同样的一个问题，就是新客开发。客户开发难、成本越来越高是行业的共识，但也绝非无方法可循。要破解获客困局，首先要做的是追根溯源，即弄清楚所服务的目标客户（财富客户）到底在哪，唯有准确地找到对象，才能找到有效的开发方式和方法，通俗一点来讲，就是"到有鱼的地方去捕鱼"。

　　考虑到客户开发对很多银行而言是系统性工程，涉及制度建设、条线联动、渠道合作等维度内容，故本章将重点聚焦于三种已被实践证明过且行之有效的客户开发方法，即新客获取"三板斧"，分别是老客户 MGM（member get member，客户转介客户）、公私联动/资负联动开发和渠道场景获客，如图 5-2 所示。

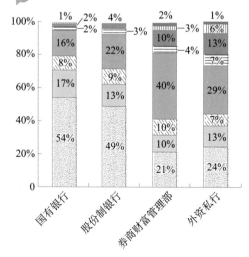

图 5-2　不同类型财富管理机构私行客户获取渠道比例分布 ①

① 摘自招商银行之贝恩《2023 年中国私人财富报告》。

一、MGM 圈层营销"1+3+N"营销策略

MGM 英文全称"Member Get Member",中文简称"客户转介客户",指通过核心关键人获取新客户。如果有老客户转介绍,成功的概率会超过50%。老客户转介绍的客户不用像陌生客户那样建立初步的信任,而老客户之所以帮你做转介绍,这是一种信任的表现。客户经理给老客户提供的投资组合产品业绩始终符合客户的目标和预期,同时又能提供出色的服务,这是老客户进行有效转介绍的前提。事实上,如果老客户的满意度和忠诚度不够,是很难为客户经理完成转介绍的。客户调查显示,大多数忠实客户表示愿意为他们的客户经理推荐身边的朋友。

圈层营销就是通过裂变和拉新等形式创建一个或加入一个圈层,对圈层里的同伴进行营销或通过圈子里的人进行二次进圈。对于 MGM 增量获客来说,圈层营销是一种非常重要的渠道,不仅可以打破过往一对一转介绍获客的模式,实现批量获客,还可以通过丰富的活动使获客过程体验更佳。

MGM 圈层营销的"1+3+N"是指通过核心客户(个人)拓展其"三圈"里的潜在价值客户,三圈包括朋友圈、家庭圈、社交圈,如图 5-3 所示。

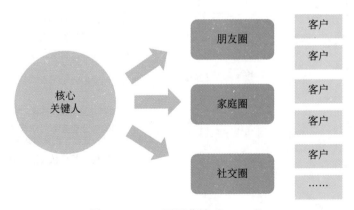

图 5-3　MGM 圈层营销"1+3+N"

1. 朋友圈层 MGM

客户经理直接和客户提出让其帮忙介绍身边的朋友,在运用这种方法时

要特别注意提出转介绍请求的情景。通常来说，当客户对客户经理提供的服务满意时，或者提供的产品带来预期收益时，都是客户经理直接和客户提出转介绍的良机，同时在提出请求时又要考虑到客户心理，应打消客户的顾虑。以下是朋友圈层营销 MGM 推荐流程（见图 5-4）、要点说明（见表 5-1）、话术示例（见表 5-2）。

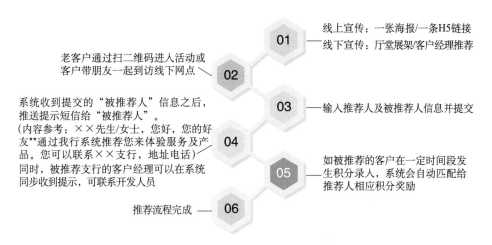

图 5-4　朋友圈层营销 MGM 推荐流程

表 5-1　朋友圈层 MGM 切入时机的要点说明

时　　机	说　　明
首次成交客户认可时	针对刚成交的新客户，对服务或建议充满期待和信心时，可以在与其闲聊和 KYC（know your customer）时顺势提到转介绍客户及转介绍权益，激发客户转介绍的兴趣
常态维护、邀约体验与售后服务	① 常态维护：电访和面访客户时，适时提出客户转介绍的需求。 ② 邀约体验：邀约客户体验本行非金融服务与沙龙活动时，适时邀约客户带上身边的亲朋好友。 ③ 售后服务：当客户购买的产品有正向收益时，适时请客户转介绍
老客户答谢活动、客户转介绍活动	① 此阶段客户与银行、客户经理有一定的信任度，在网点举办老客户答谢活动邀约时，可适时提出客户转介绍需求。 ② 此阶段与客户熟悉度增强，可直接开口请客户转介绍，此时成功率最高，要勇敢开口

表 5-2 朋友圈层 MGM 话术示例

步　　骤	话 术 示 例
满意度是前提	××先生/女士，服务您也一段时间了（记住具体服务天数，让客户感到受重视），您对我给您提供的服务还满意吗？
时机是关键，主动开口是基础	您对我和我行都比较认可，您有很多朋友，如果他们了解我所做的工作，或许有意向成为我行的客户。您方便的话可以给我介绍一下吗？
打消客户"疑虑"，确认客户转介绍意愿	不是让您帮我推销产品，而是给您的朋友多一种选择。当然，最终要怎样选择，决定权在他
协助客户提供名单	您说，我记一下
完成转介绍是目标	真的特别感谢您，您看我什么时候用什么方式联系他呢？

2. 家庭圈层 MGM：经营从个人到家庭，从一代到二代

家庭圈层营销是指在银行系统内以家庭为单位进行整体维护，设置家庭客户评级与相对应的增值服务体系。通过为家庭客户提供优惠产品与增值服务体验，实现从个人客户到家庭客户的经营，连通从一代客户开发到二代客户的路径。家庭客户是指有配偶、子女等直系亲属关系的多位零售客户，是经确认为家庭关系后所组成的群体。家庭客户成员数需大于等于 2 名，小于等于 6 名。家庭客户通过零售 CRM 系统登记确认家庭关系，评定家庭层级。

对于家庭层级的客户，应梳理、优化金融产品和家庭增值服务两套体系（见表 5-3），即合并积点成员共享、家庭层级优惠评定、家庭增值权益共享、欢享特色产品服务。产品和增值服务的设计，一是鼓励将家庭的主要结算账户、金融资产和负债向银行账户转移；二是鼓励家庭成员与银行建立更长期、更紧密的关系，使其与银行共同成长，如儿童教育储蓄规划、养老规划等；三是便利家庭的日常生活，如资金归集、代扣代缴等。

表 5-3　梳理、优化金融产品和家庭增值服务体系

服　　务	内　　容
合并积点成员共享	家庭各成员间的增值服务积点可共享使用，并可根据客户意愿确定各成员积点是否共享以及共享使用的先后顺序
家庭层级优惠评定	评定标准可据现有客户评定标准下浮约 20%
家庭增值权益共享	在家庭层级优惠评定、成员间积点共享的基础上，可享受银行的贵宾增值服务体系
欢享特色产品服务	发行家庭客户专属系列理财产品，较同风险、同期限、同期销售产品有一定优势。待家庭客户拓展至一定规模后，可细化产品设计，区分为旺（进取型）、稳（稳健性）、赢（平衡型），以供风险偏好不同、处于不同生命周期的家庭选择，同时设计家庭客户专属保险金信托/家族信托，以满足高净值客户家族财富传承和保障需求

3. 社交圈层 MGM：经营从个人到圈子

针对不同圈层客户的社交圈、兴趣爱好、方式理念等进行差异了解，锁定潜在目标客群去拓展新客是拓展财富新客的最佳方式之一。通过进入客户的圈层"组织"，提升与陌生圈层客户的黏性，进行客户初步开发。在银行层面，社交圈层 MGM 主要有三个途径，如图 5-5 所示。

图 5-5　社交圈层 MGM 三种途径

邀请客户参加其喜欢的活动，这个方法的关键理念是促使客户帮你。客

户最好的朋友往往与客户有着相同的财富体量、兴趣爱好。当银行有活动或者个人组织专场活动时，可以邀请老客户参加，并直接告知对方带朋友一起来。成功举办活动的关键在于这些活动必须与客户的兴趣紧密相关，如客户喜欢的兴趣活动（如高尔夫）、企业家群体感兴趣的活动（如何做好税务管理的主题讲座）等。

邀请话术示例如下："×× 先生 / 女士，我是您的客户经理 ×××，来电是想邀请您参加银行 / 我为最佳客户举办的一场高尔夫活动（告知其活动的具体时间、日期和地点）。非常有幸拥有您这样优秀的客户，我知道您喜欢高尔夫，所以希望您能来参加。如果您能邀请朋友和您觉得我可以结识的人一同前来，我将不胜感激。希望您和朋友能来参加这项有趣的活动。我将会给您发送几封邀请函。"

无独有偶，在社交圈层拓客的实践做法上，有些银行和财富管理机构做得非常有创意且有效，如某行对私行级客户中 AUM ≥ 3000 万元以上的客户要求私行中心必须每年给客户提供一场私人定制活动（如以客户个人命名的高尔夫邀请赛、生日会、家宴等），这种为其专门定制的活动既能让客户体验到尊贵感，又能实现进入客户的社交圈层这一目的，可谓一举两得。表 5-4 以高客拓客 MGM 定制生日会为例进行说明。

二、公私联动与资负联动开发营销策略

公私联动与资负联动获客是拓展财富客户的重要手段，其内部渠道的合作基础是互利共赢乃至策略性先利他，通过双向获客的互利共赢模式，建立长期相互信赖的合作关系。在内部渠道管理时，应明确聚焦现有渠道，提升现有渠道的拓客效率。结合最佳实践，可提出公私联动与资负联动的"1+2+N"营销模式作为基层业务发展的基础指引（见图 5-6），即 1 类公司客户 / 个贷优质客户、2 个角色（法人 / 高管、财务）和 N 个员工。

表 5-4　高客拓客 MGM 定制生日会示例

MGM 定制生日会	
活 动 目 标	活 动 主 题
通过高效精准的获客方式 MGM 切入目标客户圈层，以生日主题为噱头，创建自然的 MGM 场景，并针对不同年龄客户打造多版本、易操作的生日会标准化方案	主题 1：超级英雄主题  主题 2：粉红公主主题  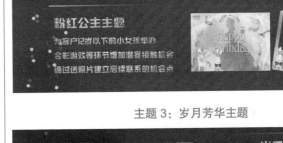 主题 3：岁月芳华主题 主题 4：岁月鸣志主题 

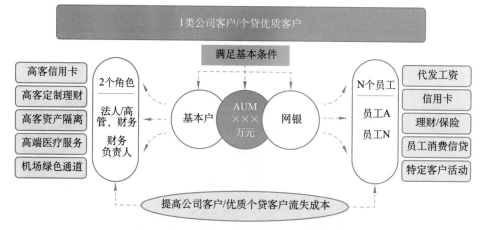

图 5-6 公私联动与资负联动 "1+2+N" 策略

1. 公私联动与资负联动标准化的四个步骤

公私联动与资负联动标准化有四个执行步骤，如图 5-7 所示。

图 5-7 公私联动与资负联动标准化的四个步骤

步骤一：渠道对接。公私联动与资负联动涉及不同条线之间的客户信息共享与协作营销，首先要打通的是条线协同模式。一是建立内部渠道的转介绍机制，实现双向获客的共赢模式；二是建立客户经理与渠道的对接机制；三是管理者每季根据内部渠道盘点获客量与经营效果，并进行渠道对接人员的调整和分配。

步骤二：潜客池管理。内部渠道对接模式落地后，需要对渠道潜客池进行有效管理。一是建立各渠道的潜客准入标准，如宅抵贷贷款额度 400 万元以上、汽融车价 50 万元以上、按揭房价 500 万元以上、公司业务存客中的中高管客户、公司业务中新客有综合金融需求的客户等；二是管理者每周盘点各渠道中的财富级以上客户拓展渠道联动的触客机会；三是潜客池管理，统计每月渠道转介绍潜客资源数量，对未开卡客户手工建立潜客池台账（见表5-5），对已开卡客户统计月度客户经理管户客户新增数的渠道来源。潜客池管理需要按月度进行盘点与分析，并制订下一步跟进计划，同时需要根据潜客池客户跟进情况进行动态管理。

表 5-5　未开卡客户潜客池台账

序号	客户姓名	KYC 信息				渠道来源	是否判定财富级以上潜力客户	跟进情况
		家庭	工作	爱好	金钱			
1								
2								
3								
4								
5								
6								
...								

步骤三：制订跟进计划。由于公私联动与资负联动涉及不同业务条线的营销人员，从财富端营销的视角来看，需要对公司端和个贷端的客户经理提供系列营销支撑，以提升内部渠道获客效率。一是定期对内部渠道人员宣导银行权益、活动、产品，提升渠道内存客获取；二是根据内部渠道盘点的潜客名单，制订客户陪访计划；三是定期举办沙龙活动。

步骤四：客户转化（开卡且入金达标）。衡量内部渠道联动获客效率的核心指标是客户转化率，为形成闭环管理，需要从以下四个方面对其进行管理。一是复盘潜客池已入金客户的产能表现（反馈获客渠道）；二是为未入金客户制订首次入金经营计划（渠道联动）；三是审核需从潜客池中剔除追踪经营的客户（客户经理经营动作执行到位，但无法获客）；四是每月复盘内部渠道获取财富级以上新增客户数与经营效果，分析各渠道的获客贡献，依据渠道获客贡献进行渠道对接人调整与资源倾斜分配。

2. 公私联动与资负联动营销管理"一个核心，四个配套"策略

在公私联动与资负联动的具体实践中，必须基本具备"一个核心，四个配套"才能取得成效。

"一个核心"指的是一把手工程，破除条线壁垒，打破部门墙，打通客户数据孤岛这些阻碍公私联动与资负联动获客的关键堵点，必须由一把手负责，否则难以实施，最终只会停留在口号上，无法形成一套标准化作业模式。

"四个配套"指的是：机制是核心，队形是关键，流程是基础，管控是抓手（见图 5-8）。一，机制是核心。要考量对公与个贷条线客户经理的意愿与积极性，则需要从激励与考核的角度进行变革与配套，如为提升私行客户的内部条线获客，可设置对公/个贷客户经理转介开发一户私行达标客户奖励；二，队形是关键。根据不同的组织架构，对公与个贷客户经理在不同类型的银行管理各异，有些是上收至分行或一级支行统一管理，有些是下沉至二级支行，还有些是"部分上收（行业或渠道批量集中经营）+ 部分下沉（零售）"的模式，但不论哪种模式，最核心的都是建立"对私客户经理+内部渠道（对公、个贷客户经理）"的联动结对子的最小作业单元，这样才能全方位满足优质客户的综合金融服务需求。三，流程是基础。有了基本的协同作业流程，在不同业务实施的关键节点由"对私客户经理 + 对公、个贷客户经理"进行协同服务，如为对公企业高管开卡时，要求对私客户经理必须陪同，并向客户介绍高客综合金融服务体系；对于个贷汽车价格在 50 万元以上或宅抵贷 400 万元以上的客户，要求贷前对私客户经理一起陪访，且在贷中前 3 个月每月进行还款提醒与沟通。四，管控是抓手。内部条线之间需要按周盘点潜客名单，按月进行联动获客成效分析，并对协同流程进行复盘，提出优化建议。

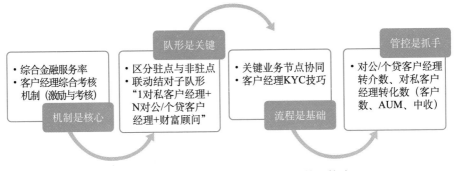

图 5-8 "一个核心，四个配套"营销管理策略

三、渠道场景开发营销策略

渠道场景获客的关键在于找到财富人群所聚集的事务性场景，即"到有鱼的地方去捕鱼"，而这些事务性场景概括起来无非就是安身（衣、食、住、行）、立命（教育、娱乐、养生、移民）两大与高品质生活需求相关的场景。

实践发现，财富客户大多存在于 8 个具体的生活圈子中，包括医疗、教育、房产、汽车、艺术品 / 奢侈品、专业咨询服务、商会 / 企业家俱乐部和兴趣爱好类俱乐部。其中，医疗类涵盖美容 / 整形、孕产 / 月子中心、高端私立医院等；教育类包括高端私立学校、商学院（MBA/EMBA/ 校友会）等；房产类包括高端住宅小区、风水师等；汽车类包括高端 4S 店、豪车车友会 / 俱乐部等；专业咨询服务有律师事务所、税务师事务所、留学 / 移民中介机构等；兴趣爱好类俱乐部包括马术、高尔夫、红酒、游艇、高端旅游、禅修等。

二级支行和客户经理通过融入这些场景与财富客户建立关系，进而实现提供服务。从拓新客的角度来看，最关键的是找到进入或经营这些场景的方法，具体而言，可以分为三种典型场景获客类型：一是圈子获客，即通过经营、打造个人的人脉圈实现获客，如读 MBA 班、加入某一协会或俱乐部、人脉圈转介共赢；二是线下论坛获客，即通过参加线下论坛实现获客，如财经论坛、红酒品鉴等；三是渠道合作，即通过渠道合作的方式，以公开公益主题讲座的方式实现获客，如 MBA 班的资产配置讲座、高端月子会所的保险、"如何让生活更美好"的主题讲座等。

四、新客获取"三板斧"营销分析与管理

从营销角度而言，新客获取要实现"三个一"的目标，即一个钩子产品的落地、一次专属权益的体验和一个明确的再次面谈时间。从管理角度而言，管理者要根据每月财富级以上客户净增指标的达成情况，运用"财富客户新增与渠道获客分析表"（见表5-6），分析获客存在的问题，盘点内外部渠道的获客贡献，依据渠道获客贡献，进行经营策略变更、渠道对接人调整与资源倾斜分配等。

表 5-6　财富客户新增与渠道获客分析表

人员	客户净增达成率	新增客户数	内部渠道贡献			内部占比	外部渠道贡献		外部占比	自营获客	自营占比	下一步调整建议
			MGM1	个贷/汽融2	对公3		渠道4	渠道5				
客户经理1												
客户经理2												
客户经理3												
客户经理4												
支行A												
支行B												
支行C												

第三节 ｜ 潜客提升关键策略之新客蜜月期经营（"1个核心+3个动作"）

新增财富客户是获取业务增长的重要来源，银行往往会通过各种渠道投

入大量成本获取新客户。银行若未能对新客户进行精细化经营，将导致新客户留存率低或开户后就沦为"睡眠户"等不良后果。因此，"蜜月经营"管理显得尤为重要。

新户蜜月经营包括蜜月关怀、潜客培养、潜客提升三个重要周期，商业银行应以产品、活动为抓手，整合多渠道，以达到全面覆盖基客的经营目标，如图 5-9 所示。

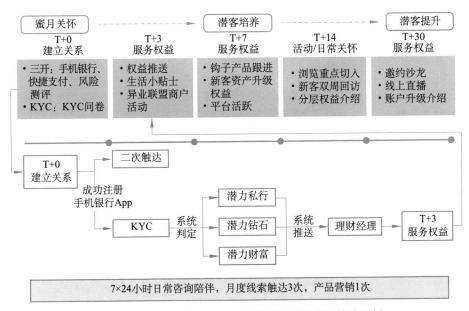

图 5-9　新客蜜月期 "T+30" 标准化经营流程与策略示例

从行为动作上说，新客蜜月期 "T+30" 经营动作可以总结为"1 个核心+3 个动作"。1 个核心指的是在新客开卡当日（T+0）做到"1 张卡 +N 项无压力业务（如手机银行、快捷支付、风险测评、三方存管账户等）+1 张 KYC 问卷"，KYC 问卷的核心目的是判定客户过往的主办银行、资产潜力和产品偏好。3 个动作指的是对 T+0 阶段通过 KYC 问卷识别并判定的潜力财富级以上客户，转介绍给客户经理进行跟进，在 T+30 天内需达成 3 个动作，即 1 次钩子产品推荐、2 次权益 / 服务推送，实现与潜力财富新客成功建立联系，提供专业的日常咨询陪伴服务，促进客户资产提升与达标。

一、新客蜜月期 T+0 和 T+30 标准化动作

新客蜜月期 T+0 和 T+30 标准化动作如表 5-7 所示。

表 5-7　新客蜜月期 T+0 和 T+30 标准化动作

阶　段	经营重点
T+0 建立关系	1. 1 户 N 开：必须开通手机银行、快捷支付、微信银行等无压力业务，获取客户完整联系方式、开全电子交易渠道、做好风险测评、添加企业微信。 2. 入金：请客户至少入金 100 元（用电子渠道交易），防止账户直接"睡眠"。如客户感兴趣，可推荐现金类理财或其他拳头产品，吸引客户提升入金的金额。 3. 1 张 KYC 问卷：协助客户完成 KYC 问卷
T+3 服务权益	1. 短信 +Push 推送活动：如抽奖类、无压力产品持有体验类。 2. 新客有礼活动推送：新人礼、资产提升礼
T+7 钩子产品 / 服务权益	1. 短信 +Push 推送活动：如抽奖类、无压力产品持有体验类。 2. 新客有礼活动推送：新人礼、资产提升礼、资产达标礼。 3. 钩子产品推送：客群专属或资产等级达标专属产品
T+14—T+30 钩子产品 / 服务权益	1. 短信 +Push 推送活动：如抽奖类、无压力产品持有体验类。 2. 新客有礼活动推送：新人礼、资产提升礼、资产达标礼。 3. 钩子产品推送：客群专属或资产等级达标专属产品。 4. 投研类资讯信息：推送投资理财、资产配置等相关资讯

二、KYC 问卷逻辑与模板示例

KYC 问卷的核心目的是判定客户过往的主办银行、资产潜力和产品偏好，而获取这些相对"私密"的信息需要高超的沟通技巧，很难标准化。为了降低 KYC 难度并在服务过程中让客户感受到"无压力"且顺其自然，最好的方式是设计一个标准化的 KYC 问卷。表 5-8 是 KYC 问卷模板示例。

表 5-8　KYC 问卷模板

客户满意度与金融服务需求反馈表

尊敬的客户，您好：

我们诚挚邀请您填写此问卷，以便不断改进我们的工作，更好地为您提供优质服务！

1. 为了方便您领取权益，请您选择您偏好的权益领取方式。

线上领取快递上门□　　　　　　　　　线下支行网点领取□

2. 为了匹配更适合您的权益，请选择您偏好的兑换权益类型。【多选】

A. 购物代金券　　　　B. 米面粮油　　　　C. 电子数码产品

D. 家电用品　　　　　E. 日常餐饮　　　　F. 咖啡饮品

G. 视频会员　　　　　H. 趣味户外游　　　I. 高端医疗

3. 您享受过其他银行的哪类客户权益？【多选】

A. 金卡权益　　　　　B. 白金卡权益　　　C. 钻石卡权益

D. 私行卡权益　　　　E. 无

4. 您经常办理业务的银行是哪家银行？【多选】

（1）国有六大行

A. 邮储银行　　　　　B. 中行　　　　　　C. 农行

D. 工行　　　　　　　E. 建行　　　　　　F. 交行

（2）股份制银行

G. 招商银行　　　　　J. 平安银行　　　　K. 中信银行

L. 兴业银行　　　　　M. 其他

（3）地方性中小银行

N. 上海银行　　　　　O. 上海农商行　　　P. 其他

5. 您曾经购买过的金融产品类别（如存款、理财、基金、股票、保险、资管、信托、期货等）有几种？

A. 1～2 种　　　　　　B. 3～4 种　　　　C. 5 种及以上

您的姓名 _____　　　　性别 _____

您的生日 _____　　　　手机 _____

第四节 | 潜客提升与稳定经营关键策略之生客转熟客"三步走"

客户转化是一个有关于信任的函数，而信任跟时间有很重要的关系，就是要看你对客户投入了多少时间，而每次客户单次沟通时间又是相对确定的，想要提高客户转化的效率，最终就变成提高客户接触频次，客户接触频次高了，客户转化效果就好。一个高价值客户身边，最起码有四五个银行或财富管理机构的客户经理，我们要想赢得客户，势必要超过其他银行客户经理与客户的接触频次，如图5-10所示。

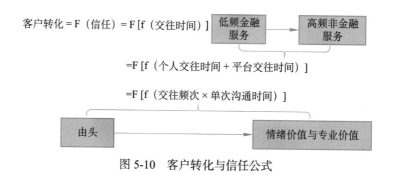

图 5-10　客户转化与信任公式

"生转熟"指的是通过客户经理的持续经营将属于"生客"范畴的管户客户提升至"熟客"程度。"生转熟"之所以是客户经营的关键场景，是因为客户产能的提升必然建立在关系深化和信任建立的基础之上。

真正的客户经营应以客户为中心，而不是以产品销售为中心。产品与服务的提供是关系深化的工具和手段，但不是目的，管户人员（客户经理）只有在专业和人际方面均获得客户信赖，才能真正实现管理客户资产规模的持续提升和综合性金融服务的全面覆盖。

一、"生转熟"定义

要做好客户的"生转熟"，首先应厘清对生熟客的定义。不同类型的银行会根据客户联络拜访次数、核心产品持有数、客户交易频次、手机银行活跃度等维度对客户经营的表现进行打分加权获得亲密度值，再根据亲密度值分布情况划分为"生""熟""忠"等亲密度等级。基于不同商业银行的最佳实践，以下将以国有大行之一的邮储银行和股份行之一的平安银行的客户生转熟为例进行说明。

　　邮储银行根据客户交易频次、核心产品持有、手机银行活跃度、客户联络拜访次数、紧密管户关系五个维度对客户经营的表现进行打分加权获得亲密度值，再根据亲密度值分布情况对客户划分为"生""熟""忠"等亲密度等级。具体计算规则如表5-9所示。

表 5-9　"生转熟"计算规则

生客转熟客 ABC 分类（生、熟、忠）		
A 类客户得分【0～25 分】，B 类客户得分【25～75 分】，C 类客户得分【75～100 分】		
积　分　项		分　值　计　算
P1 交易频次	14 次及以上	20
	4～13 次	16
	2～3 次	12
	1 次	8
	无交易打分为 0 分	0
P2 核心产品持有	2 类以上	20
	2	16
	1	12
	持有 0 类核心产品打分为 0 分	0
P3 手机银行活跃度	访问 10 次及以上	20
	访问 5～9 次	16
	访问 2～4 次	12
	访问 1 次	8
	无访问记录打分为 0 分	0
P4 CRM 平台上客户联络拜访次数	有 1 次及以上联络记录的打分为 100 分	20
	无联络记录为 0 分	0
P5 紧密管户	有 1 次及以上联络记录的打分为 100 分	20
	无联络记录为 0 分	0

　　根据以上参考指标，理财经理对管户客户进行熟悉程度盘点分类，根据

得分情况将客户定义为生客（A 类）、熟客（B 类）及忠客（C 类），由此可得出"生转熟"的目标客户清单。理财经理应分析已有客户信息形成差异化"生转熟"策略，制订行动计划。

平安银行是从 PPC（客户持有产品数）、接触和 KYC 三个维度来定义客户熟悉度的：客户熟悉度值 ≥ 80 分为高熟悉度客户；60 分 ≤ 客户熟悉度值 <80 分为中熟悉度客户；客户熟悉度值 <60 分为低熟悉度客户，如表 5-10 所示。

表 5-10　平安银行的客户熟悉度标准

维　　度	标　　准	分　　值
PPC（X） 50 分	X ≥ 8	[40 ～ 50]
	4 ≤ X<8	[30 ～ 40]
	X<4	[0 ～ 30]
接触频率（Y） 30 分	企业微信添加	10
	近 1 个月内电访 1 次	10
	近 3 个月面访 1 次	10
KYC 地图完整度（Z） 20 分	Z ≥ 80%	[16 ～ 20]
	60% ≤ X<80%	[12 ～ 16]
	Z<60%	[0 ～ 12]

依据客户熟悉度衡量标准，根据客户经理岗位任职时间，设置不同的达标标准（见表 5-11）。如果未达到标准，管理者对客户资源会进行再次分配与调整，以此作为一项管理抓手。

表 5-11　不同的客户熟悉度达标标准

任　职　时　间	达　标　标　准
6 个月	中或高熟悉度客户占比 20% 及以上
6 ～ 12 个月	中或高熟悉度客户占比 40% 及以上
12 个月以上	高熟悉度客户占比 40% 及以上

对于财私客户熟客参考标准有三个维度：一是近 3 个月内有 6 次有效接触；二是 KYC 地图完整度 60% 以上；三是 PPC 大于 3。表 5-12 为平安银行财私客户细化评估指标。

表 5-12 平安银行财私客户细化评估指标

财私客户生客转熟客 ABC 三类		
（A 类：得分 >70 分；B 类：得分 [50 ～ 70 分]；C 类：得分 <50 分）		
得分计算规则		
计分项分类	分值（总分：180 分）	口 径 备 注
客户接触	近 3 个月：面访	10 分	
	近 3 个月：微信接触 3 次（不含以上）	5 分	
	近 3 个月：电话接触 3 次（不含以上）	5 分	
持有产品	存款类	20 分	剔除定活两便存款、活期存款、通知存款
	理财类	10 分	定开型理财、公募货币基金
	投资类	40 分	公募非货基（持仓 1 万元以上）、私募基金
	保障类	50 分	银保（持仓 1 万元以上）、保险金信托/家族信托
关键服务动作	持卡：适配/高配	10 分	
	有效风险测评	10 分	
	近 6 个月使用生日礼、高尔夫球权益、健康权益、属地化权益、积分兑换	20 分	近 6 个月使用任一权益既得分

根据以上参考指标，私人银行客户经理对管户客户进行熟悉程度盘点分类，根据得分情况将客户定义为生客（C 类）、半熟客（B 类）及熟客（A 类），由此可得出"生转熟"的目标客户清单。私人银行客户经理应分析已有客户信息形成差异化"生转熟"策略，制订行动计划。

二、"生转熟"经营流程与关键动作

"生转熟"经营流程与关键动作以客户关系深化程度来确定阶段性目标，并以此为基础执行关键服务动作。"生转熟"的内容重点聚焦在通过"破冰建联、情感互动与知识营销、权益使用、沙龙活动"等动作，完成破冰建联、首面沟通和"无压力产品"配置（+1）的业务转化目标，如图 5-11 所示。

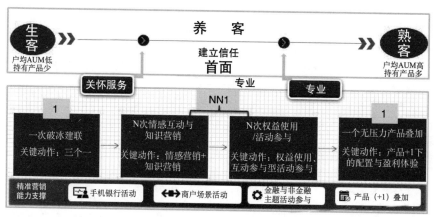

图 5-11　客户"生转熟"（1+NN1+1）经营流程与关键动作

1. 一次破冰建联

"一次破冰建联"是指客户经理对管户未建联客户或新分配的管户客户建立服务关系。其核心目标是让客户建立对客户经理的初步印象，告知一对一专属服务的内容，明确专属服务对客户的价值。"破冰建联"的目的是要以"官方"的权威姿态，让客户理解到银行为其配备专属客户经理的必要性以及客户经理的个人价值所在。客户经理不是做产品和关系导向的银行推销员，而是做专业导向的客户金融顾问。

破冰建联的执行关键动作可以归纳为"三个一"，即一条预热短信、一通跟进电话、一个微信 / 企业微信添加。

"一条预热短信"触达的目标是建立初步印象和铺垫电话联系。表 5-13 是话术示例参考。

表 5-13　"一条预热短信"的话术

话术示例 1（简单版）	尊敬的×××客户您好，为了让您享受到更高效、私密的金融服务，××银行××支行为您优先提供一对一服务。从即日起，×××受行长指派，成为您的专属客户经理。近期他／她将和您联系，向您介绍具体服务并听取您的想法和建议。电话／微信：×××××××××××
话术示例 2（美化版）	××先生／女士您好，很高兴通过这条短信正式跟您接触。 　我是您在××银行的专属客户经理×××，我协助高净值客户打理财务规划的时间已经有 5 年了，套用流行语，算一个"老司机"啦。能有这个机会在未来的时间为您服务，这个责任重大，我心存感恩。 　从过往的服务经验中，我发现很多客户有理财困惑： 　（1）想理财，却不知道如何管理风险； 　（2）不敢轻易接受金融机构人士的建议，怕被忽悠； 　（3）一旦出现亏损，很难得到专业的帮助和解释； 　最可惜的就是带着失望逐渐放弃理财想法…… 　在给您发这条短信前，我已经完整地研究了您目前的投资配置情况，有一些能真正帮助到您的观点，想与您深入地沟通。您有任何疑问请随时联系我，期待与您有更多交流。 【客户经理×××】电话／微信：×××××××××××

　　"一通跟进电话"的目标是深化客户关系和展示详细价值，其核心是突出专属客户经理对客户所提供的服务所带来的价值。表 5-14 是话术示例参考。

表 5-14　"一通跟进电话"的话术

步骤	第一步：确认身份，自报家门	第二步：征求同意，说明目的	第三步：告知服务内容，突出价值
参考话术	××女士／先生，您好！我是给您发过短信的××银行××支行，网点地址在×××的客户经理×××，您收到短信了吗？	您现在通话方便吗？大概需要 3～5 分钟时间	因为您是我行非常重要的贵宾客户，行里特意安排我作为您的一对一专属客户经理。我在××银行工作 8 年，服务过×户贵宾客户，今后您有任何与银行相关的问题都可以联系我，一些重要信息我也会第一时间提示您，比如提醒您到期转存、及时兑换我行权益、第一时间知晓热点资讯或产品信息等

"一个微信／企业微信添加"的目标是建立持续沟通渠道和展示个性专属服务。电话邀请或现场添加，对管户客户进行第一次建联或以其他邀约方式第一次见面时，增加一句话添加客户微信。表 5-15 是话术示例参考。

表 5-15 "一个微信／企业微信添加"的话术

话术示例 1	为了提供更好的服务，我行现在要求服务客户都使用企业微信，很多业务通知和权益活动是用企业微信发送的，稍后我会发手机号码给您，您用微信添加一下
话术示例 2	为了提供更好的服务，我行现在要求服务客户都使用企业微信，我已经发送添加邀请给您了，您若现在方便的话我可以教您，1 分钟就可以完成。 **方便**：找到"服务通知"→最下面的"企业微信添加邀请"→点击"长按识别"→"添加"即可。 **不方便**：好的，那您得空了记得添加，以后的业务通知、权益兑换通知大部分在这里发送，添加后就不会错过了。

2. NN1

NN1，指 N 次情感互动、N 次权益使用、1 场沙龙活动。破冰建联动作完成后，客户经理需要对客户进行跟进并展示"金融顾问"的价值。客户经理对于客户的个人价值可以从专业价值和情感价值两个方面体现。为了让客户感受到这两方面的价值，通常采用三种做法：一是定期与客户分享一些资讯，不断在客户的心理账户中"存钱"；二是从客户的利益出发，结合银行内部划分的客户等级所对应的权益体系和阶段性营销活动，设计有吸引力的由头来邀约客户使用权益；三是设计互动参与型（如女性客户插花活动、瑜伽体验活动、企业主客户财税政策讲座等）的"生转熟"客户沙龙活动，邀请客户参加。

客户经理在客户面前不能一味地通过联系凸显自己的专业性，这样的金融顾问固然职业范儿十足，但他和客户建立的是一种略显干巴的工作关系，缺少人情味。有经验的客户经理会适度呈现自己的情感面（爱好、价值观、信仰等），与客户发展一种有温度的私人关系。表5-16是情感营销文案示例。

表5-16 情感营销文案

母亲节文案示例	母亲节快到了，我猜，很多人正在准备给母亲一份惊喜。近的带着康乃馨下班，远的预订机票回家。也许，您和×××一样，只是一名普通的职员，忙到没空去准备任何惊喜。还好，×××相信，母亲最在乎的也许不是惊喜，而是平常。 在母亲心里，她拥有的最美的礼物，就是她的孩子——我们。当孩子们感恩生活、笑对人生时，便是母亲最好的节日。 如此，在这个属于全世界母亲的节日里，您就算再忙，请停下脚步，给自己一个微笑吧

客户经理在"跟进"阶段（与客户互动），更需要分享一些与配置理念、市场动态、产品知识相关的专业内容，以展示自身的金融顾问形象。专业输出并不是目的，而是一种手段，一种赢得客户信任和建立值得信赖的形象的手段。知识营销的结构可以围绕以下三段论进行设计，即宏观事件/政策/热点、中观观点/思考/点评、微观大类资产配置方向/建议，如表5-17所示。

客户经理在"跟进"阶段（与客户互动），为了促成首次面谈目标，也可以通过使用客户资产等级所对应的权益或邀请客户参与沙龙活动来推进客户的触达。表5-18是话术示例参考。

表5-17 知识营销三段论结构

知识营销三段论			
序号	内容主题	内容主题描述	内容主题示例 （以电影《我不是药神》为例）
1	宏观事件/政策/热点	针对发生的热点事实进行描述，语言精练、简明易懂，能够将事情重点解释清晰	《我不是药神》口碑票房双炸裂，我也慕名前去观影，末了擦干眼泪走出影院，看着夜色中的人来人往、灯光交错，我在内心反复问自己：如果有一天大病降临，我和我的家庭能拿什么和它战斗？

续表

知识营销三段论			
序号	内容主题	内容主题描述	内容主题示例 （以电影《我不是药神》为例）
2	中观观点/ 思考/点评	针对事件的影响和个人的看法进行点评，要就事论事，抓住核心，对下一步的投资教育埋下伏笔	可这世界上没有什么药神，更不是人人都有等到政策红利的好运气，我们必须未雨绸缪，增加对生活的掌控力，我想到以下三件事：① 定期体检，增加单项检查；② 确认医保，多了解地方政策；③ 配置商业保险，尤其关注重疾险。 我在想，如果剧中吕受益等提前购置重疾险，患病后就能立刻拿到理赔款用于治疗和购药；如果提前购置医疗险，治疗期间很多费用就能报销；如果提前购置寿险，即使万般无奈离开人世，至少也可以走得安心一些，因为他知道自己心爱的妻子和孩子，未来的生活多了一份保障
3	微观大类资产配置方向/建议	结合事件的发生引出将要铺垫的大类资产类别，尽量不要有"推销"色彩，而要站在客户的角度，体现出大类资产配置带来的利益或好处	作为家庭经济支柱，这三类保障必须优先配置：重疾险是雪中送炭的保障；医疗险是高额医疗费用的来源；寿险保命，是我们对家人爱的承诺与责任。 在听天命之前，别忘了我们还能尽人事，幸福的人生就是可以掌控的人生。看完电影您有何感想？欢迎一起聊聊呗，您的客户经理×××

表 5-18　面谈目标实现的话术

切入由头	话术示例
积分回馈与兑换活动	××女士/先生，您好！我是××银行××支行您的专属客户经理。根据我们的记录，您在我支行的积分已经达到了权益兑换标准。我行有丰富的礼品和优惠服务供您选择。大概需要您 3～5 分钟的时间，我给您介绍一下具体的权益内容
投资理财沙龙活动邀请	××女士/先生，您好！我是××银行的客户经理。我行定期为财富级以上客户举办投资理财沙龙活动，旨在为贵宾客户提供一个轻松、愉快的交流平台，分享投资理财心得和经验，拓展社交关系。我诚挚邀请您参加下周六的投资理财沙龙，与其他贵宾客户一起探讨投资理财之道。相信您一定能从中收获不少有益的信息和灵感。请问是否需要为您预留一个参与名额？

3. 一个"无压力"产品配置

"生转熟"经营的核心目标是通过正确的方式促进客户经理与客户之间的熟悉与信任程度，从而促进客户 AUM 的增加和产品配置数量的提升。在此阶段，可以利用"无压力"产品（如现金管理类、同业存单基金、债基等低风险且正收益率高的产品）来推动"生转熟"。"无压力"产品配置后，可以在 1～3 个月内根据产品的盈利表现再次触达与邀约客户，逐步与其建立信任关系，如图 5-12 所示。

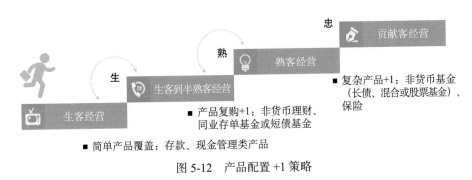

图 5-12 产品配置 +1 策略

第五节 | 稳定经营与流失预警关键策略之活水资金"116"

研究表明，获取一个新客户所花费的成本是维护一个存量客户的 5～6 倍，对银行而言，如何留住现有存量客户、防止客户流失是二级支行经营面临的难题。众多商业银行（尤其是国有六大行）到期资金（如定期存款、净值化理财开放期等）的流失率已经高达 15% 左右，特别是对财富级以上客户，二级支行和管户客户经理需建立"要发展，先堵漏"的经营理念，从客户流失原因入手——一般是因为客户维护不到位、产品收益表现不及预期、他行定向策反等。围绕客户资金防流失，需要从关键经营动作着手，建立存量客户防流失经营体系。

活水资金经营是二级支行从商机事件角度做好客户资金防流失的关键经营动作，同时又是短期产品营销和资产配置的资金来源和行外吸金的重要入口。本节主要通过"一个理念、一套流程、六个动作"来搭建活水资金防流失"116"经营体系。

一、活水资金"116"经营体系总览

活水资金客户名单是指行内到期客户（定期存款到期、理财到期、保险满期）、定开型产品开放期客户、大额活期或现金管理类占总资产的比例高于60%的客户、基金持有类客户四大类客群，从资金特征来看，都具有一个共性特征是高流动性，从银行的角度来看，这类资金既是防流失的根本，同时又要考虑在付息成本调结构的导向下如何将长定期（如2年、3年和5年）进行转化，还要兼顾以此类商机作为触达与邀约客户的由头进行资产配置，以此带动产品销售。

为有效提升活水资金客群的经营效率，基于过往行业最佳实践，本书总结出"116"经营体系，即：1个理念，指的是没有增长就是流失，实现既要防流失又要调结构还要做配置的经营目标；1套流程，指的是建立连接、服务跟进、面谈承接和流失赢回四个关键环节；6个动作，指的是（T-30）建立连接、（T-30～T-3）服务跟进、（T-3）邀约面谈、（T-1）邀约确认、（T+0）面谈承接和（T+30）流失赢回6个节点的关键执行动作，如图5-13所示。

图 5-13 活水资金经营"116"体系

二、活水资金"116"经营流程详解

1. T-30：建立连接

活水资金客户需要在到期日或开放日前 30 天确认名单和确认管户责任人，提前与客户建立服务连接。建立连接的动作可以归纳为"一提醒，三必讲"："一提醒"指的是提醒产品到期或账户整体情况，"三必讲"指的是必讲客户权益、必讲市场热点或理念、必探寻行外资金情况。以下是建立连接执行规范的话术示例。

××先生/女士，我是您在××银行××支行的客户经理×××，您还记得我吗？（停顿）

今天我给您打电话是给您做服务提醒，主要有三件事跟您做个沟通：一是我行现在对客户服务设有权益体系（如没使用过的客户，引导注册手机银行，将权益体系内容做介绍），我帮您看了一下，您在过去一年参与我行权益兑换次数是×× 次，总价值为×× 元（使用过权益体系的客户，可提前梳理客户使用权益情况），您还有一个×× 权益可以领取，您记得领取一下；二是给您做个温馨提示，系统提示您有一笔存款/理财即将于×月×日到期，最近三年以来，全国银行的利率一直在下降，很多客户在考虑一些新的配置方式，您这笔资金后续打算怎么配呢？（等客户回复）

您有空的话，可以来网点，我提前跟您做个沟通（利率下行大环境下配置方式升级，进行理念铺垫）；如果您手上还有其他到期或者闲置资金，也可以趁这次一起规划，这样更省心（探寻客户到期后是否有行外资金）

2. T-30 ～ T-3：服务跟进

服务跟进动作执行前，需要从三个维度对客户进行分类，不同类型客户采用差异化服务跟进策略：一，客户熟悉度，看是生客还是熟客；二，是否

有理念，可以通过客户持有产品数，看客户经理在过往维护中是否沟通过资产配置理念来判断；三，是否有行外资金。通过以上三个维度对客户进行细分，设置服务跟进的目标：一，针对熟悉客户行外有资金有理念的客户目标是做承接，谈配置与提资产；二，针对熟悉客户行外有资金无理念的客户目标是资金留存与提资产；三，针对生客的目标是资金留存、防流失与植入资产配置理念。

从服务跟进的结果来看，尽可能在 T-30 ～ T-3 阶段促成一次见面，促成的由头可以从权益领取、支付结算类活动切入，也可以从主题沙龙活动切入，针对熟客可开展投教类主题沙龙活动，而针对生客可开展互动参与性"生转熟"沙龙活动，如插花、手工制作等。

3. T-3：发起约见

在客户活水资金到期日的前三天，客户经理可对客户发起约见，再次对产品到期或开放期情况做提醒，并与客户确认约见的时间。以下是发起约见执行规范话术示例。

××先生／女士，我是您在××银行××支行的客户经理×××，最近一直跟您有联系（停顿）。

今天给您打电话，是想给您再次做个温馨提示，您有一笔存款／理财即将于×月×日到期，我想约您到期那天来网点做个沟通，帮您这笔钱做个规划。另外，系统提示，您即将达到我行××等级，而达标这个等级的权益有（1、2、3示例），年度总价值达到××元，对您来说非常合适（针对到期临界客户使用权益做营销提示）

4. T-1：约见确认

提前三天发起约见后，根据约见的结果，采用相应做法：如（T-3）约见成功，则提前一天再次与客户确认约见的时间与地点；如（T-3）约见失败，则尝试

（T-1）再次发起邀约。表 5-19 是两种情景下的执行规范话术示例。

表 5-19　（T-3）约见成功和（T-3）约见失败两种情景下的执行规范话术

情　　景	执行规范话术示例
（T-3）约见成功	××先生/女士，我是您在××银行××支行的客户经理×××，再次打电话提示，明天我们约了××点见面，我会准时在网点等您，您看您到时候怎么过来，如果开车，我会提前帮您留好车位
（T-3）约见失败	××先生/女士，我是您在××银行××支行的客户经理×××，前两天打电话跟您做过提示，您有一笔存款/理财即将于明天到期，您看明天或本周哪个时间段方便，我们见面做个沟通

5. T+0：面谈承接

对活水资金客户，前置的四个动作都是为了能够顺利实现客户约见，同时为了达成面谈承接能够实现防流失、调结构与做配置的经营目标。

对防流失而言，需要明确的是，宁可短期流失资金，也不可流失客户，对无法挽留的客户也要尽可能通过沟通了解客户流出的原因与去向，以便后续再次赢回。表 5-20 是防流失四步骤的执行规范话术示例。

表 5-20　防流失四步骤的执行规范话术示例

四步骤	执行规范话术示例
"问"去向	××先生/女士，获悉您这笔钱要转走，作为您的专属客户经理，为了您的资金安全，方便问一下您这笔钱转到××行配置什么产品呢？
"导"理念	您有很好的理财意识，确实难能可贵，"不怕不识货，就怕货比货"，通过多家银行去了解产品，确实可以做出更好的理财决策（认同客户）；我不知道您选择这款产品，除了收益以外，是否还有别的考虑因素？（停顿，同时计算在我行的综合收益） 从长期来看，这符合您的理财规划，存钱嘛，毕竟安全性第一，同时收益性和流动性也很重要，如果您都考虑清楚了，且这款产品的确很好，没准儿我自己也会跟着您去买点儿呢。您方便跟我说说您想配置什么样的产品吗？

四步骤	执行规范话术示例
"劝"留存	我刚刚帮您做了一番计算，您在我行是××等级，年度权益为××元，算下来每万元年度收益也有×%（一打利益牌）。 您刚刚也说了，存钱除了收益，安全性排第一位，我行是国有大行——妥妥的"国家队"，安全肯定有保障，不至于为了一点点利益而损失本金（二打品牌牌）。 **情景1：流失至竞争行配置存款** 从收益的角度来说，配置单一存款在目前利率下行趋势下并不是最优选择，过去三十年，经济飞速发展，贷款需求高，所以贷款和存款利率都高，银行和老百姓靠着利息过日子，都还挺惬意的，银行也愿意给高息和礼品，我们都享受到了那个年代的红利，但是现在环境变了，利率持续走低，存款利率下降是一个趋势，您知道他们行为什么可以给您这么高的利率吗？（引发客户思考，对标流失至竞争行配存款）我简单跟您说，银行也是开门做生意赚钱的，而银行最主要的利润来源是一边吸收存款，一边发放贷款，贷款的利率肯定要高于存款的利率，这样才有利差，但是放贷有风险，借款人如果还不起就会形成不良资产，不良资产如果太高，就会对银行经营带来冲击，同时也会影响存款的安全性。因此，从收益角度来看，我们要升级理财观念了，不能过于依赖存款，要与时俱进升级理财观念了，如今很多银行都开始重视综合的资产配置，帮您实现家庭财富的小目标，您留意到这一点了吗？（植入综合配置理念，打差异化配置牌） **情景2：流失至竞争行配置理财** 您觉得这款理财产品的收益高，便想拿过去配置一下。按照您的理财规划，确实需要增加这类产品的配置，不过您知道该怎么判断一款理财产品的收益与风险吗？您可以从三个角度问一问对方：一，这款产品的投资方向是什么？二，如有风险，风险点在哪？三，这样配置有着怎样的风险保障策略？（引发客户思考，加强认知共识）
"约"赢回	感谢您能跟我沟通这么长时间，无论您做出什么样的决定，只要是慎重的且有理有据的，我都为您高兴。当然，我肯定希望您的钱留在我行做，毕竟服务您这么长时间了。就单一产品而言，选A还是选B，短期来看很难分出对错。您这么有耐心且坦诚地跟我做沟通，这是对财富的尊重，也是对我个人工作价值的尊重，所以，我要谢谢您。在理财过程中，如果您有任何疑问，我很愿意和您交流

6. T+30：流失赢回

一般来说，对于资金流失客户，在流失后的30天内可尝试用钩子产品与权益发起资金赢回。以下是流失赢回执行规范话术示例。

××先生/女士，我是您在××银行××支行的客户经理×××，非常感谢您一如既往的支持。想问一下，您现在还常用我行的卡吗？您之前在我行一直是××卡，享受××等级权益，对吧？最近您在我行的总资产降低了，后续可能会影响您的部分权益领取，我想知道，您对我行的服务和产品有什么不满意的地方吗？我可以帮您解决（停顿，待回复）。

为了回馈像您一样的老客户，现在我行推出了一系列客户权益活动，很多客户反映都很好，我特意给您申请了一份，给您介绍一下吧。

三、活水资金"116"经营体系的赋能与支撑体系

为提升活水资金经营效率，需要构建月、周、日赋能与支撑体系，即月关注名单是否到位、周关注资金承接率与提升率、日关注约访见面率，如表5-21所示。

表5-21　月、周、日赋能与支撑体系

频率	事项	事项说明
月	活水名单到位，管户责任人到位	（1）每月月底26日前，准备M+2月（如3月26日下发5月）所有到期、理财产品开放期的客户名单造册（列明到期日期、客户数、金额）； （2）名单准备好后，责任落到管户人（列明到期日期、客户数、金额），若出现未有管户人的情况，则按照客户分层管理原则，将资产从高到低进行排序，原则上客户经理重点维护20万元以上客户； （3）每月至少开展一场针对下月生客活水客户的互动参与型"生转熟"活动
周	活水资金承接率与提升率	（1）分析活水资金承接率与提升率； （2）定期存款客户要求做到不低于100%承接率与提升率；定开型理财要求做到不低于130%承接率与提升率
日	约访见面率	做到不低于30%活水资金客户约见率

第六章

活动量下"量、质、利"管理

活动量管理主要通过规范客户经理的行为，对客户经营过程中的各项活动（尤其是商机事件触达）进行管理，通过对客户经营活动的量化进行销售管理，将销售活动的无序性变为有序性。从目前行业最佳实践来看，银行基本建立了对客户经理队伍在电访（量，如20通有效电访/日）、面访（质，如3个客户面访/日）与转化（利，如1个客户转化）的活动量漏斗管理体系，如图6-1所示。

但在具体实践过程中还要解决两个核心问题：一是触达哪类客户，也就是每日、每周需要跟进触达的具体客户名单是谁；二是具体名单明确后，如何提升电访约见与面访营销的效率，以此来实现更高的转化率。

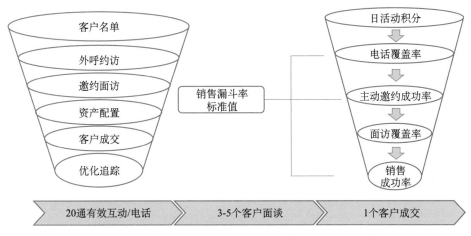

图 6-1　活动量漏斗管理体系

第一节 ｜ 活动量下"量、质、利"
管理标准的内涵

活动量管理规划需要以月度经营目标为依据；每周明确自身的具体活动量要求，并结合商机归类管理与跟进要求，梳理活动量跟进的具体内容；每周规划完成后落实到每日执行，在执行过程中重点关注日业绩进度。活动量管理本质上是对月度目标达成下的商机事件客户名单进行匹配与跟进。

一、活动量管理规划

无论是二级支行网点还是客户经理个人，在做具体活动量规划时，都需要结合月度考核目标，根据个人过往的成交率、客均产能来推算需要触达的客户数，即需要完成的基本活动量要求，且根据实际业绩情况进行动态调整。表 6-1 是活动量规划示例。

表 6-1　月目标客户名单（示例）

核心指标	电/面访量汇总	财客数净增目标	电/面访量	AUM目标/万元	电/面访量	存款日均目标/万元	电/面访量	中收/万元	电/面访量
客户经理 1									
客户经理 2									
客户经理 3									
客户经理 N									

二、商机事件管理规划

活动量管理本质上是商机事件名单管理。表 6-2 是不同类型银行的商机事件大类的划分示例。

表 6-2　商机大类划分表

客　户　类	规　模　类	存　款　类	中　收　类
● 临界商机名单 ● 防流失名单 ● 大额流入流出名单	● 行外吸金名单 ● 防流失名单 ● 各层级客户提升名单 ● 银证商机名单	● 到期客户名单 ● 活期持仓名单 ● 养老金代发且 AUM<5 万元客户名单	● 财私客户名单 ● 重点产品销售商机名单 ● 核心潜力客户名单

第二节　|　电访约见 CBA 与检视标准

客户经理无论处于任何阶段，其工作的重中之重都应该是尽量多争取与潜在客户的约见。客户经理必须认识到，如果没有跟目标客户见面，就不要期待会有什么业务发生。如果客户经理将重点放在争取约见上，就必须弄清楚，与客户联系的由头是什么；以此由头发起邀约时，还需结合客户基础信息、资产状况、过往交易行为等进行综合判断，这样才能在邀约时有充足的理由说服客户来与你会面，从而提升约见成功率。

客户经理需要结合月、周经营目标，明确电访名单。电访名单可从 CRM 系统中筛选，一般以四大类主要商机线索为核心，即投资类、结算类、活动类和服务类四类，以其他事件为辅助，即宏观政策变化、资本市场变动和社会热点事件（见表6-3）。根据对应类别话题的切入点，建立完整的客户名单、商机、由头、话术参考等电访标准。客户经理在日常运用中可结合营销名单的模块进行筛选。

表 6-3　完整的客户名单

四类话题切入	投资类	产品到期/开放期	现金类占比过高	资产配置	向他行转出资金
	结算类	代发后立即转出	同名大额变动	支付达标	生活缴费
	活动类	线上活动通知	线下活动邀约	权益领取/使用	关键人活动
	服务类	生日祝福	节日问候	新客认养	客户等级升级/降级预警
其他事件切入	宏观政策变化	货币政策相关（利率、存款准备金率、LPR 等）	保险"报行合一""打破刚兑"		
	资本市场变动	股票、债券、期货、外汇大类资产市场变化	资本市场指数异动	资本市场发展趋势分析	
	社会热点事件	政府工作报告解读	两会重点内容传递	重大政治事件	重大经济事件

一、电访 CBA 标准结构与流程

客户经理根据电访目标、客户商机特征、客户资产信息等数据，提前准备电访话术。在任何一次电访约见中，约见的话术都应该包含三个方面的内容（见表6-4）：一是 C（confirm，确认），即确认客户身份、让客户确认客户经理的身份和确认谈话意愿。客户经理需要明确表明约见的目的，因为在客户面前，你要有足够的坦诚，你之所以与他建立联系、保持关系，最终的目的就是希望能够获得客户的部分或全部资产的管理。二是 B（benefit，利益）。你想见客户并不重要，对客户来说，这次约见能够给他带来什么样的好处至关重要。你要告诉客户可以从这次约见中获得什么利益，这能极大提升约见的成功率；同时你可以换一个维度提示客户，如果客户错过这次约见，对他来说会造成什么样的影响或损失。从人性的角度来看，人都是"追求快乐，逃离痛苦"。追求快乐是从正面的角度去引导能够带给客户的好处或利益，逃离痛苦是从负面的角度去说明如果不改变就会有什么样的不好结果。两种方式的目的都是让客户行动起来，从而达到约见的目的。在实际运用过程中，应多使用"追求快乐法"告诉客户利益，而少使用"逃离痛苦法"，因为"逃离痛苦法"会造成客户不适，让客户从心理上有挫败感，因此在运用过程中要掌握分寸和尺度。三是 A（action，行动）。任何一次约见都要与客户确认约见的事项、地点和时间，最终要确认得到客户的承诺，这才算是单次约见动作结束。

表 6-4　约见话术的内容

confirm （确认）	确认客户身份	确定接听者为客户本人
	自我介绍	自报家门，让客户清楚了解
	确认谈话意愿	确认客户是否方便接电话
benefit （利益）	介绍服务关系	（1）老客户经理面对新客户应强调自身经验丰富及银行实力背景，添加微信； （2）老客户经理面对老客户应强调自身成长和服务升级； （3）新客户经理面对新客户应强调银行实力背景，添加微信； （4）新客户经理面对老客户应强调高学历/专业度/经过总行、分行培训及银行服务升级
	事件1切入由头	以四类主要商机线索切入，从客户角度出发，强调相关服务/活动对客户有什么好处
	事件2真实由头	邀约面访，做客户等级权益领取、资产配置、账户检视等，强调这样做对客户有什么好处
action （行动）	确定面访时间	二择一法
		假设同意法
	确认携带物品	身份证/银行卡

表 6-5 是电访 CBA 结构下的话术示例。

表 6-5 电访 CBA 结构下的话术示例

C（确认）话术参考：您好，请问是 ×× 先生 / 女士吗？（确认客户身份）；我是 ×××，×× 银行 ×× 支行您的专属客户经理！（自我介绍。此处勿用小 × 自称，防止营造低客户一等的感受）请问，您现在接听电话方便吗？（确认谈话意愿）
B（利益）话术参考：您是我行的 × 等级权益客户，您有一笔理财即将到期，所以我想邀请您来网点沟通一下该如何优化账户（介绍服务关系），这样您的收益可以更好一些（以四类主要商机线索切入，从客户角度出发）；同时，我也注意到近期市场出现了较大波动，所以借这个机会邀约您来行里具体谈谈您的资产配置，这样可以让您的资金免受市场波动的影响，使账户更安全。（真实由头：对客户有好处的事件 2）
A（行动）话术参考：您看工作日方便，还是周末方便？（二择一法）（等待客户回复）那我为您预约周六 10:00 可以吗？（假设同意法）为了能使您对账户优化做出及时调整，请您届时带上身份证和银行卡。（确认携带物品）

二、反对意见的处理与应对

客户经理在每次约见前，必须做足充分的准备去应对各种反对意见，这些反对意见的表达就是"不"。碰到不熟悉的人，我们都需要给彼此一点时间和耐心，因为大多数人的反应会是"不"。这就像你自己在生活里一样，你走进一家店，店员问你："您要买点什么？"即使你想买点什么，但第一反应往往是"随便看看"。联系客户的情形也是如此，无论有没有需求，很多客户会条件反射地回答"不，我不感兴趣"。关键在于，你要准备好应对这样的拒绝，然后拿出证据说明与你会见对他来说的好处与价值。图 6-2 是最常见的对"不"的应答步骤。

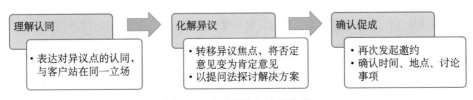

图 6-2 反对意见的处理步骤

在电访中处理反对意见是非常重要的环节之一。处理反对意见时要站在客户的立场，先对客户的异议表示充分理解认同，再化解客户异议，选定电访目标，再次确认促成。

表 6-6 是九种典型的反对意见处理应对话术示例。

表 6-6　九种典型的反对意见处理应对话术

1. 我没时间 / 时间不确定
我能理解，知道您非常忙碌，所以我才说打电话和您约个时间，这也是为了防止您来的时候等待。因为这个事情确实非常重要，并且能帮您节约未来更多的时间，更好、更有效地管理您的资产。大概需要 20 ～ 30 分钟时间，所以，您看是 ×× 时间还是 ×× 时间比较方便前来网点呢？
2. 你是不是要卖我产品 / 资产检视是什么？
您是不是经常接到这样的营销电话？（等待客户回复）难怪您会这样想。我不是单纯地销售产品，而是综合考虑到您的各方面需求，对您的投资进行优化调整，使您的投资回报在您的风险承受范围内更高。所以，您看是 ×× 时间还是 ×× 时间比较方便前来网点呢？
3. 你行收益没有 ×× 行高
理解，您目前都在 ×× 行理财呀，您方便告诉我具体购买哪个产品吗？（如果好的话，我也买点）（等待客户回复）听上去确实不错。与此同时，我还是要提示您，任何一种产品都不能兼顾收益、风险、流动性，我能做的只是依照您的需求寻找这三者之间的平衡，所以，您看是 ×× 时间还是 ×× 时间比较方便前来网点呢？
4. 你发给我微信 / 在电话里说即可
当然可以。我行所提供的服务是针对每一位客人而特别设计的，里面的很多细节是针对您的风险偏好配置的，因此我希望有机会能跟您本人碰面，以便讨论您的个人需求。所以，您看是 ×× 时间还是 ×× 时间比较方便前来网点呢？
5. 你行总是频繁更换客户经理
（1）说来这得感谢您，由于您对前任客户经理 ×× 的认可和支持，他现在担任了更高级别的岗位工作，他特地交代我要第一时间给您电话，说您是我行特别重要的客户，所以今天我给您电话，想邀约您来网点做深入的交流。 （2）现在我行的服务与权益升级了，您是我行特别重要的客户，为了给您提供更加精细化的服务，因此领导指派我来为您服务，所以今天我第一时间给您打电话，想要邀约您来网点做深入交流。您看是 ×× 时间还是 ×× 时间比较方便前来网点呢？

续表

6. 我不理财
理解，我只是觉得把钱闲置下来挺可惜的。冒昧地问一下：您是有不好的经历或者其他计划吗？（等待客户回复）因为您存在我行的资金量也挺大的，放在这种高流动性产品／活期里也挺可惜的，说实话，我都有点替您着急。（等待客户回复）您说得对，这点钱对您确实不算什么大钱，但多一点是一点，您现在放在××产品／活期里，收益跑不赢通胀，其实资产在隐形缩水，举个例子，去年您买二斤大葱可能只要5元钱，今年已经要10元钱了。去年我看上一个包，当时价格是1万多元我没买，今年已经2万多元了。包并没有变得更值钱，而是我们的钱没有去年值钱了。所以，您看是××时间还是××时间方便前来网点呢？

7. 我已经规划了
恭喜您，但在您做最后决定前，我还是希望让您有机会了解一下我行所提供的服务有何不同。其实，多个选择也是件好事，毕竟投资理财是一件慎重的事情。所以，您看是××时间还是××时间比较方便前来网点呢？

8. 我没信心／亏钱
别担心，我之所以邀请您来，也是想和您当面沟通一套适合您的配置，争取在您的风险承受能力范围内帮您安排产品，相信通过和您的沟通，一定能选出适合您的产品。所以，我希望和您当面沟通，看看产品近况，帮您做进一步规划，尽快挽回损失。所以，您看是××时间还是××时间比较方便前来网点呢？

9. 我需要与太太／先生商议
我真羡慕您，有一位贤内助／好老公，如果方便的话，您二位可以一起过来，我们直接沟通。如果有什么问题，我也好直接帮您处理。所以，您看二位是××时间还是××时间比较方便前来网点呢？

    以上这些回答可以让客户经理应对绝大部分拒绝，潜在客户一般不会事先想好再回绝，大多是反射性反应。所以，在约见前准备好这些应答，多半能提高约见的成功率。在设法回应潜在客户的拒绝之后，如果客户仍然不感兴趣，客户经理可以请求一个比约见更小的承诺，比如告知客户你有优质的信息会及时与他分享，或者添加客户的微信以保持联系。通常客户不太愿意连续两次或多次拒绝同一个人，这在心理学上称为"拆屋效应"。客户对客户经理的第一个要求进行拒绝后，一般会对被拒绝的人有一种歉疚感，所以当客户经理马上提出另一个相对容易接受的要求时，他会尽量满足客户经理。

三、电访质检表

客户经理自身可参照电访质检表，对自身的电访邀约技能进行练习。管理者也可以依据电访质检表的评分标准对抽检的电话录音进行打分，从中选取优秀案例和反面教材，带领客户经理在定期例会中学习，如表 6-7 所示。

表 6-7　电访质检表

	项目	分值	得分	问题/建议
开场	确认客户身份	5分		
	自我介绍	5分		
	确认客户谈话意愿	5分		
关键技巧运用	切入话题是否自然得体	5分		
	以四大类话题商机为切入由头，带给客户的利益是否突出，好处是否强烈	10分		
	目标由头带给客户利益是否突出，好处是否强烈	10分		
	话术是否熟练	5分		
	是否恰当运用二择一法、假设同意法	5分		
异议问题处理	是否对客户异议问题充分表示理解认同	10分		
	是否回应解决异议问题的好处，带给客户的利益是否突出，好处是否强烈	10分		
	处理问题后是否再次邀约面访	5分		
	是否坚持处理客户异议问题，但不超过3次	5分		
确认结尾	是否达到电访目的	5分		
	是否提醒客户携带身份证、银行卡	5分		
电话礼仪	声音亲切，自然诚恳，热情、有礼貌，给客户的感受良好	10分		
总分		100分		优秀电访（80～100分） 合格电访（60～80分） 反面教材（0～60分）

第三节 | 面谈营销的四个关键环节与检视标准

在过去的很多年，金融行业总结出许多经典的销售套路，但仔细研究后你会发现，大部分跳不出顾问式销售的路子。大道至简，客户经理要去思考客户为什么会购买某个产品，是客户经理创造并激发出客户的某个需求，而这个需求是和客户经理的产品或方案联系在一起的。从表面来看客户经理在销售产品，而深层原因在于客户经理对客户来说存在的价值是什么。每一位财富级以上客户的身边都可能围绕着从银行、保险、信托到券商等各类机构，客户为什么要从你这里购买产品？你的价值在于创造并激发客户的财富管理需求，给出满足其需求的解决方案。这种创造或激发出来的需求并不是简单买个产品，而是资产配置的需求、现金流管理的需求、财富传承的需求等，这种财富管理的需求需要被重新定义，最后与你所推荐的产品或方案挂钩，连在一起。

一、面访关键环节之目标设定与 KYC 问句准备

在面访前，客户经理应使用 CRM 系统查询客户的具体情况，包括客户基础信息、AUM 与产品持有情况、过往历史交易行为信息和过往维护记录等，通过这些信息，综合判断客户潜在可能的需求与资产配置缺项。

客户经理在每次见客户前，应做一张面访的计划表，梳理本次面谈的首要目标和次要目标。比如说若准备谈资产配置理念植入与检视、现金流规划、养老规划、财富传承规划，你要根据对客户的理解把这些需求的重要性做排序。根据这些需求，提出这次见面的议程，说明这个议程对客户的价值，同时与面谈目的挂钩。提前做好开场准备和议程规划，每次与客户见面就会变得更有效率、有价值、有温度。当客户接触你时，客户一定是"主观的"和"防卫的"，客户会带着自身过往的经验看待每一次见面，因此你只有迅速打开

客户潜在的"心防"后，才能让他敞开心扉，用心和你交流。一位顶级的客户经理曾经说："我为什么能够将那些种类繁多的产品销售出去呢？其实，90%的客户都没有真正去了解投资组合内的每个产品细节，他们只是提出希望达成怎样的投资目标，他们相信我会站在他的立场替他规划。因此，对我而言，从来不必花大量的时间向客户解释产品的内容和细节。我认为，我的销售就是学习、培养和锻炼一个值得别人信赖的风格。"这段话充分说明解除客户戒备心理和让客户感受到你是值得信任的重要性。表 6-8 是针对不同目标客户设计的面访内容主题示例。

表 6-8　面访内容主题

面访目标客户	面 访 内 容
首次面访的生客	（1）树立专业形象，展现银行品牌形象，建立信任度； （2）进行 KYC，挖掘更多客户信息，灌输资产配置理念
有投资意向的客户	（1）进行投资规划，就相关问题深度挖掘客户信息，制作个性化资产配置方案，并进行落地； （2）发掘客户保障需求，进行交叉营销
有保障意向的客户	（1）进行保障规划，就相关问题深度挖掘客户信息，制作个性化保障规划方案，并进行落地； （2）发掘客户投资需求，进行交叉营销
配置过净值型产品的客户	进行产品售后分析，做好资产检视，做出个性化资配方案，并进行落地

　　KYC 是指了解您的客户，是面谈过程中非常重要的环节，对于面谈的实质效果有着重大影响。因此，在面访准备时，客户经理要根据面访的目标，梳理面访中需要了解的重要的客户信息，以此设计出 KYC 问句。在营销实践中，通常使用 KYC 九宫格，即根据客户在行内现有的信息，通过过去、现在、未来三个维度预先设计出 KYC 问句，为后续的资产配置奠定基础，如表 6-9 所示。

表 6-9　KYC 九宫格

	过　去	现　在	未　来
个人	● 往来金融机构 ● 投资经验（盈亏情况） ● 投资风格（自主风格、信任委托人）	● 目前状况 ● 收入来源与金额 ● 风险偏好与风险承受度 ● 资产与负债（资产配置、长期负债、短期负债） ● 资产主办行与满意度	● 财务规划目标（中期、长期）以及优先顺序 ● 理财计划
专业 / 事业	● 所属行业特性 ● 专业背景、历史规模 ● 资本构成 ● 对业务的参与程度	● 生意的经营管理策略与模式 ● 地域分布 ● 经营效率与风险 ● 银行往来关系（角色与功能）	● 事业 / 生意上主要关切的地方 ● 事业 / 生意发展计划
家庭	● 财富传承计划 ● 保险、保障范围	● 家庭状况（配偶、子女、国籍、定居地） ● 特殊财务规划需求 ● 每位家庭成员的兴趣与理想 ● 一、二、三代人脉 ● 二、三代能力	● 家庭变动状况（迁居、移民） ● 担心的事情（子女教育、自身的社会价值） ● 保障是否充分 ● 追求哪些兴趣、爱好（如社交、茶文化）

二、面访关键环节之开场破冰

作为专业的财富管理顾问，当与客户见面的那一刻开始，其每个细节、每句话都会对面谈效果的好坏产生直接影响。在开场破冰阶段，客户经理需要做好两件事：一是寒暄赞美，营造良好的面谈氛围；二是开场切入，介绍这次聊天的议程，告知客户这个议程对客户的价值，并与客户确认是否同意按照这个议程来进行。

开场的目的是为后续的沟通营造一个良好的氛围和顺畅的沟通环境。无论是陌生客户还是熟悉客户，在每次与客户见面时，客户经理合适的赞美更容易让对方舒服，更容易营造良好的沟通氛围。在实践中发现，最有效的寒暄赞美法则是"共同点＋赞美"，共同点可以拉近彼此的距离，赞美可以让对方听起来更舒适。比如，你约见一位成功的企业主，不妨说："一直以来我都特别崇拜您，能把事业做得这么大，我自己过去也创业过，如果能早点认识您，肯定能少走很多弯路，以后一定要向您多多请教。"寒暄赞美在实际运用过程中也需要遵从一些原则，运用得当才能达到预期的效果。表 6-10是针对不同类型财富客户画像的寒暄赞美切入点。

表 6-10　针对不同类型财富客户画像的寒暄赞美切入点

富　二　代	企　业　家	阔　太　太	富裕老者
能力	拼搏过程	外表	当年
性格	工作成果	能力	儿女
努力	实力	先生、小孩	事业成就
仪容	社会地位	品位	家庭
判断力	事业	保养	毅力
工作	气度	事业成就	健康、长寿
诚意	家庭	感觉	社会地位
异性朋友	信用	智慧	智谋

好的开场切入是进入面谈主题的铺垫和前奏。什么样的开场方式对于客户来说是有价值的呢？通常来说，开场切入要呼应客户的需求或上一次谈到的主题，比如，与上次交流主题关联的介绍："上次您提到需要我们根据您提供的信息给您做一个整体的资产配置方案，那么这次约您见面的议程就是这个内容。"比如，呼应客户需求的开场切入："投资的风险不仅仅在于亏损，因为你可以用一些手段去控制风险，投资最大的风险在于，如果投资收益跑不赢市场的平均收益，假设市场平均收益为 10%，您的投资收益只有 5%，这才是最大的风险。"好的开场切入都是在介绍沟通议程的时候，以贴近客户的语言，站在客户的立场表达诚意和专业性。表 6-11 是面访开场破冰 0ABC

结构与流程。

表 6-11　OABC 结构与流程

流　　程	要　　点	示　　例
opening（开场）	见面寒暄破冰宜拉家常，展现亲和力，降低客户的防备心	×× 先生 / 女士，您好！很高兴和您见面，我是您的客户经理 ××。正如咱们之前在电话里讲到的，今天约您来这里，会借用您 ×× 分钟左右的时间。（以 15 到 20 分钟为宜，注意此处要用"借用"而非"占用"或"耽误"，同客户平等地会谈）
agenda（议程）	告知客户今日面谈会用多长时间，做哪些事情	
benefit（好处）	回顾电访中提及的邀约由头	
confirm（确认）	同客户确认："您看这样的安排可以吗？"	一是向您汇报我行对未来投资的最新观点，让您投资快人一步； 二是与您一起探讨您的投资需求，为您制订出最适合您的投资方案，帮助您以又快又稳的方式实现财富增值。您看这样的安排可以吗？

三、面访关键环节之需求探寻

进行完开场之后，要创造和激发客户的需求，在这一过程中要使用顾问式销售的问询技术。问询技术并不是简单地搜集客户信息，它更重要的作用是通过向客户提出提前设计好的问题，让客户回答，并且适当进行引导，让客户在思考的过程中不断地找到自己的需求，意识到以前从未意识到的问题（隐性需求）和以前意识到的问题但并不想立刻改变的问题（显性需求），从而促使客户主动进行改变。之所以要通过问询的方式来探究客户的需求，是因为客户往往不会透露真实的需求或者并未意识到自己有需求，如果你不通过问询探究对方的需求，就可能永远找不到销售产品的机会。

实践证明，客户的需求是需要被创造和激发的。需求可以分为显性需求和隐性需求，如图 6-3 所示。

图 6-3 需求的"冰山模型"

只有 10% 的客户能够明确将其要求或期望做出清楚的陈述，而 90% 的客户只是对其现状有一定的感受，并且以抱怨、不满的方式做出描述。发掘客户的隐性需求是客户经理的价值所在。谁可以了解到隐性需求？要么是朋友，要么是专业人士。比如，病人不会向医生隐瞒病情，如果没有办法发掘客户的隐性需求，你就无法成为那 1% 的顶级客户经理。同时你会想，高净值人士那么成功，怎么可能会有烦恼，事实上有钱人的烦恼往往比没钱人的烦恼多得多。只有真正发现客户的真实需求，你才能找到销售的机会。世界上的一切交互和连接都基于价值的互换，客户需要你能看到，才能实现交易，当客户意识上从你身上有利可图的时候，后续的合作才会顺理成章。

客户的需求分析与探寻可以帮助我们探索"客户到底想买什么"。这个问题的答案是，事实上几乎每个客户在配置每一个投资产品的时候所买的都不是这个投资产品的表面功能，我们需要用产品去满足他背后的某些真正需求。这些需求可能是一种感受；或者是一种价值观；或者说这个产品能够满足客户真正想要达到的一个期望和目标；或者是某种欲望，如一个购买近视眼镜的客户，可能需要的只是看清回家的路。价值观是一种感受，感受跟情感有直接联系，人的决定通常会极大地参考自我感受的因素，通常购买行为中的 80% 是情感因素，比如说买一项无形的服务，像健身卡，很多人在考虑去哪家品牌的健身房时，都非常理性，而且把标准定得非常具体，但真等他做出决定的时候可能又是出于一时的冲动，因为能左右他付款的就是他的情感因素，感觉好了就买。所以，人们在做出一种决定的时候，往往出于两种考虑：第一是追求快乐，第二是逃离痛苦。人在一生当中几乎每做一件事都离不开这两个主要的驱动力，购买和投资也是这样的道理，即追求快乐和逃离痛苦。客户为什么会投资你的产品，因为他觉得投资你的产品给他带来的快乐大过投资你的产品给他带来的痛苦。客户投资产品时会有什么痛苦呢？首先，他会把钱交给你和银行去打理，这对客户而言就是第一个痛苦，即你和银行是否值得信任；其次，任何产品都有一定的风险，也就是说有投资失败的可能性，这对客户而言是第二个痛苦；最后，如果客户把钱变成你的产品，通常只能等产品到期后才能把钱拿走，大多数中途不能拿走，这对客户而言是第三个痛苦。当然，这样的痛苦还有很多，所以客户会不断地在头脑里衡量："我投资你的产品到底是快乐多，还是痛苦多，如果快乐大于痛苦，我会非常乐意进行投资，甚至买完还要说声谢谢，因为你给我带来了快乐。"那客户为什么不投资呢？答案很简单，因为他觉得投资你的产品时他的痛苦大于快乐，比如下面这几种情况：他对你并不信任；他对你销售的产品风险表示怀疑；他对期限过长带来的不确定性心存疑虑。

如果客户认为购买你的产品使他所得到的痛苦远远大于快乐，在这种情况下，你认为客户会购买你的产品吗？所以，作为一个专业的客户经理，你的工作职责就是向客户证明，不投资你的产品，他将承受什么样的痛苦与损失；如果他投资你的产品，他能够得到什么快乐或好处，之后你再去消除他的潜在痛苦。我们必须学会运用追求快乐和逃离痛苦这两种心理因素。

1. 需求探寻三步骤

需求探寻的过程正是通过了解客户的基本事实信息（事实：KYC，见图6-4所示），从基本事实信息中探寻到客户的目前感受（对现状的感受：挖掘需求）和价值观（对现状某一具体话题的价值观：夯实需求），待探寻到客户的感受和价值观后，引发客户思考，使客户认可某一观念（达成共识），并明确告知客户如果改变了会让客户得到什么样的利益，如果不改变会给其带来什么样的影响和结果，从而激发客户改变的动力。

图 6-4　事实：KYC

需求探寻可以划分为两个模块，即深度KYC和需求三步走，如图6-5所示。

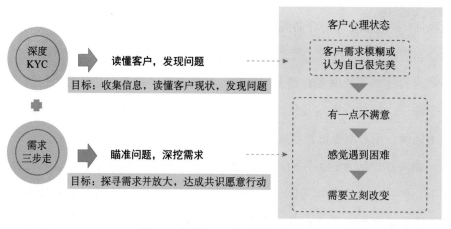

图 6-5　深度 KYC 与需求三步走

（1）KYC 技巧之 FORM 结构。模块一是 KYC 现状探寻。核心是了解客户基本现状，先与客户一起进入一个话题情境，如家庭、工作、休闲与金钱，探究客户在这个情境中的现状和看法。KYC 是通过一系列的关于客户背景或事实的提问了解客户现在的状况，帮助你发现和抓住显性或隐性的销售机会。KYC 如同中医的"望闻问切"，充分深入的 KYC 能够助力客户经理为客户提供更精准的服务和更高效的销售效率。如何做好 KYC，简单来说分为两步：

第一步是 K（know）什么，第二步是如何 K。

从 K 什么维度来看，需要了解的客户信息包括财务信息和非财务信息。财务信息是帮助客户经理判断客户是不是高净值客户，了解客户投资现状与未来潜力；非财务信息是帮助客户经理了解客户家庭、工作、休闲方面的信息，是后续跟进与维护客户关系的重要谈资。图 6-6 是 KYC 内容的 FORM 结构与目标，即家庭、工作、休闲和金钱。

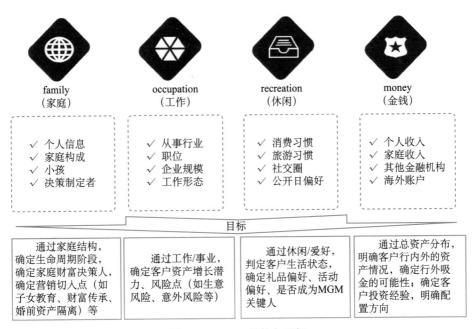

family (家庭)	occupation (工作)	recreation (休闲)	money (金钱)
✓ 个人信息 ✓ 家庭构成 ✓ 小孩 ✓ 决策制定者	✓ 从事行业 ✓ 职位 ✓ 企业规模 ✓ 工作形态	✓ 消费习惯 ✓ 旅游习惯 ✓ 社交圈 ✓ 公开日偏好	✓ 个人收入 ✓ 家庭收入 ✓ 其他金融机构 ✓ 海外账户

目标

| 通过家庭结构，确定生命周期阶段，确定家庭财富决策人，确定营销切入点（如子女教育、财富传承、婚前资产隔离）等 | 通过工作/事业，确定客户资产增长潜力、风险点（如生意风险、意外风险等） | 通过休闲/爱好，判定客户生活状态，确定礼品偏好、活动偏好、是否成为MGM关键人 | 通过总资产分布，明确客户行内外的资产情况，确定行外吸金的可能性；确定客户投资经验，明确配置方向 |

图 6-6　FORM 结构与目标

非财务信息包括客户的家庭、工作和休闲三个方面。关于客户的家庭，需要深度了解客户的家庭结构及其所处的人生阶段，包括家庭成员的组成、年龄结构、孩子现状等重要信息；关于客户的工作，需要深度了解客户家庭收入的主要来源，即从事行业与职位状况，帮助你判断客户未来资产增长的潜力；关于客户的休闲，需要深度了解客户的兴趣爱好、社交圈等信息。财务信息则包括客户的财富水平、收入与负债状况、资产配置现状、税务状况、理财目标、预期投资期限和风险偏好等信息。从时间跨度上看，不但需要了解客户当前的信息，还包括未来可能的安排和变化，即"既要知晓现状，更要关注变化"，如客户计划何时退休，有无安排退休养老规划，客户有无送子女去海外留学或移民规划，客户企业有无上市融资计划，客户企业如何传承。

从如何 K 的维度看，以上的信息涉及客户自身和家庭的诸多私人信息，若没有足够的信任感，客户往往不会愿意如实告知。因此，做好 KYC 的前提是建立信任感，学会问对问题和有效沟通。与非亲非故的客户建立信任感，最重要的是"将心比心、换位思考"。客户是信息弱势的一方，为了能够和客户建立关系，客户经理必须多站在客户的角度考虑，由于每个客户的人生成长阅历、过往投资经历、投资偏好、财务状况、风险承受度等都不尽相同，不能一概而论。你不能漫无目的地闲聊，否则会导致低效率且浪费彼此时间，更不要急功近利地审问，引起客户反感，造成得不偿失。好的客户经理必定是个杂家，他能服务一众身价不菲、谈吐不凡的客户，既要有谈资，还不能太刻意，自身必然需要有丰富的知识和阅历积累。一次顺利的 KYC 面谈无非围绕生活和投资两个维度。拿生活来说，与单身的富二代，应交流自由自在的人生梦想；与重视家庭的客户，应交流子女教育和未来的规划；与经营企业的客户，应谈谈其过往的成功历史和企业发展中的得失经验。拿投资来说，与积极进取型的投资者，应交流更多元高增长的投资机会，随后给出股权投资、资本市场产品建议也就水到渠成了；与保守稳健的投资者，应多交流家庭责任、人生和风险规划，故提供相应的保险规划方案也是顺其自然的事情。专业的 KYC 是一次气氛愉快且增进彼此关系的面谈过程。客户经理面谈前的准备工作必不可少，包括：所在银行的亮点、自身的背景和优势、可以借用的优质客户案例、拟推荐的产品详细资料。

这里特别提醒注意，你不能期望通过一次面谈就了解客户的全部信息，现实中的情况是你在与客户不断接触过程中会逐步获取客户的信息，这是个动态的过程。因此，每次面谈过程可能都会涉及 KYC，需要客户经理在每次面谈结束后去不断完善客户信息，你了解客户越多，就离成功越近。

（2）需求证实三步走。模块二是需求三步走，即挖掘需求、夯实需求和达成共识。在 KYC 的基础上，围绕某一个话题情境找到激发某个需求的机会（试探客户需求），通常可以询问客户对现状的看法或感受，从而引导客户说出不满或者改善的空间，如询问客户对现有的投资状况是否满意，或者如果可以改善，则最希望改善什么；发现客户可能的需求后，帮助客户分析影响，告诉客户不改变所带来的后果和改变后所带来的积极影响（夯实需求）；当客户意识到自己的问题后，就会有意愿进行改变，想找到解决方案以变得更好，客户经理需要进行一定的引导，让客户有意愿和动力现在就立刻改变（达成共识）。需求三步走如图 6-7 所示。

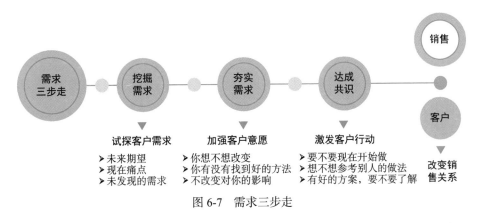

图 6-7　需求三步走

任何人都期待未来的生活变得更好和使自身财富能够保值增值，未来的期待与现状之间的差距是需求的源头。客户经理充分调动和挖掘客户需求有个基本原则，就是 GAP 法则，如图 6-8 所示。

【GAP法则】：　未来　－　现在　＝　差距 GAP　▶【需求】

图 6-8　GAP 法则

在理解 GAP 法则的基础上，客户经理要充分利用 KYC 环节所获取的信息，利用 SEE 需求（见图 6-9）逐步推进：围绕某一话题情境，如养老、孩子教育、财富传承等情境，对现状进行评估，同时询问客户的感受和价值观。客户经理要帮助客户描述话题情境的更好蓝图,让客户为之向往,从而引发客户共鸣,充分利用客户的"未来期望"和"现在状况",从而找寻差距,发现客户需求。

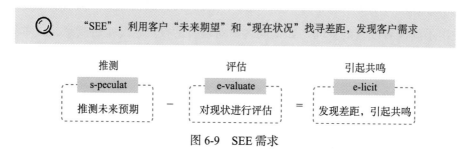

图 6-9 SEE 需求

在实际运用 SEE 需求的过程中,客户经理要找到合适的切入话题,并与客户展开深入的探讨。

2. 三大典型场景需求的探寻——三步骤之话术模板

下面是围绕教育费用(见表 6-12)、养老费用(见表 6-13)和财富传承(见表 6-14)三个主题展开 KYC 和挖掘需求的三步骤两模块内容的综合话术示例。按照综合话术示例的每个环节走下来,你将会掌握围绕不同主题探寻客户需求的真谛,只要在实践中不断练习,你就会成为挖掘客户需求的高手,这也是优秀客户经理有别于一般客户经理的核心所在。

表 6-12　教育费用场景下的三步骤话术

KYC:一般性问题
(1)这是您的小孩吗? 好可爱,几岁了?
(2)目前就读什么学校? 几年级?
(3)孩子有没有学习一些才艺班课程?
(4)教育费用肯定要花不少钱吧?
挖掘需求
(1)您对每个小孩有什么教育期望? 期望他们会念到什么学位?
(2)您期望他们将来做什么工作?
(3)以您对小孩的教育规划,总共要花多少钱,才能实现您的愿望?
(4)这方面的费用,您现在准备多少了? 它们够用吗?

续表

夯实需求
（1）如果有什么万一，有谁能替您完成小孩的教育理想？ （2）（回答"父母"）但父母年岁已大，他们能照顾小孩到长大吗？ （3）（回答"兄弟"）兄弟本身也有小孩，家庭负担不轻，再增加几个小孩负担，他能做到如您所期望的吗？ （4）（回答"孩子半工半读"）半工半读的学生，白天工作已十分辛苦，晚上还要上课，负担不轻，学习效果多半要打折扣，又无法跟正常人一样享有快乐人生，您忍心吗？
达成共识
只要事先准备，您就可以让自己最关爱的孩子不输在起跑线上，甚至早早出人头地，您愿意了解怎么做安排吗？

表 6-13　养老费用场景下的三步骤话术

KYC：一般性问题
（1）单位给您缴纳养老金吗？ （2）您有没有为自己准备养老金？ （3）您计算过退休养老金的数额吗？
挖掘需求
（1）您认为养老金对您今后的生活质量有影响吗？ （2）您认为应该准备多少费用才能满足退休生活？ （3）您对于退休后的生活有何看法？
夯实需求
（1）生活品质下降，您的感受是什么？能接受这样的感受吗？ （2）您辛苦一辈子，但不能维持目前的生活质量，会不会遗憾终生？ （3）老年生活过得紧巴巴，您认为您老婆（老公）会有什么感受？小孩对您会有什么想法？
达成共识
（1）为了使退休生活有保障，不下降，您愿意进一步了解吗？ （2）如果在存钱的同时，您就可以解决养老问题，您觉得怎样？

表 6-14　财富传承费用场景下的三步骤话术

财　富　传　承
KYC：一般性问题
（1）请问，您父母或自己名下，拥有股票、土地、房屋、现金或其他资金吗？ （2）家庭中有没有人为了继承财产而缴纳遗产税的经验？什么时候？缴了多少钱的税？ （3）您会每年固定赠予孩子财产吗？大概一年赠予多少钱？是现金，还是财产赠予？

续表

挖掘需求
（1）在您老年之后，您目前名下财产价值会增加几倍？您是否试算过？
（2）您是否了解将来财产增值的部分——有可能大部分会让政府课税拿走，只有少部分留给子孙？
（3）若您已经开始赠予小孩资金，到目前为止，已经累积多少了？还要多久才能把财产赠予完毕？
（4）您知道保险是很好的避税工具吗？
夯实需求
（1）您辛苦一辈子打拼工作，目的就是为子孙留下一笔资金，但如果没有来得及准备，就发生了措手不及的事情，您会不会遗憾终生？
（2）您的资金会随时间增加而增加，几十年后，身价会大不相同。跟您相同状况的人士多半有资金规划，您是否也觉得有必要呢？
达成共识
为了了解您这方面的问题，我想跟您做更深的讨论，您有兴趣吗？

四、面访关键环节之配置建议与异议处理

在与客户达成了需求确认和共识后，客户经理需要深刻理解的是，在产品呈现过程中，产品给客户带来的利益能满足客户的确定需求，只有建立在此基础上，销售才能顺利完成。在提供方案环节，客户经理需要掌握所销售的每个产品特点和利益，这样才能在呈现产品的时候让客户感受到产品就是为满足他的需求而定制的，同时客户经理要说明所销售的产品独有性。在实际销售过程中，有时候客户也会明确提出需求，但是最后没有成交，问题可能出现在提供方案的环节。客户经理所呈现的方案介绍对客户没有足够的吸引力和稀缺性，客户才会考虑能否通过其他渠道以更加有利的方式进行配置。如果出现这样的现象，那对客户经理来说非常可惜：因为客户经理走过了最难的信任建立和需求挖掘的环节，离最后的成功只差一步。因此，你要提前充分了解你所销售的产品，做足准备。大量的成功实践证明，在提供方案的环节，你可以遵循基本原则：FABER 法（见表6-15）。这种科学专业的方式，

能让客户理解最终资配方案背后的逻辑，并提升客户经理的专业形象，使其
获得客户的信任，提高成交概率；同时，为了减少成交阻碍，此部分可以进
行前置异议处理。

表 6-15　FABER 法

features （特征）	产品、服务的特征，解决"是什么"的问题
advantages （优势）	由特征引出超出同类产品的比较优势
benefits （好处）	在特定营销场景下，让客户感受到能带来什么好处
evidence （证据）	提供佐证，需要使用客观、权威、可靠、可视的证据
risk （风险）	事情的两面性，产品、服务的不足之处（注意：对于真正想要营销的资产，不能把致命的缺点写上去，可以通过"反话正说"或者提供解决方法进行弱化处理）

在销售过程中，客户会提出各种异议，很多客户经理特别害怕客户提出
异议，对客户提出的异议，如果处理不当，会极大降低销售成功率。异议处
理是销售的一部分，不经历这个环节就很难达到销售成功的目的地。在营销
过程中，一直没提出疑问、频频点头的客户，通常是那些对产品没有需求、
对你保持距离的客户，而那些一边拒绝你，甚至排斥你，一边跟你保持互动
的客户，才是最有可能购买产品的客户。比如，有个客户跟你聊了很长时间
资本市场，包括宏观环境、市场、行业、投资策略等，如果他不感兴趣，就
不会主动与你交流那么多，也不可能提出这样或者那样的问题。他之所以提
出这样或者那样的问题，就代表他感兴趣，想去配置资本市场类产品，只是
目前还在犹豫。其实，任何人做事都会犹豫。更何况是一大笔资金的投入，
有各种顾虑很正常。分析后你会明白，只有那些想购买产品的人才会最关心
自己的收益与权益，自然他们的问题会比较多，担心与顾虑也会随之而来。

客户的抱怨是天使的声音，同样，客户的拒绝就是购买的初期信号。作为一个客户经理，建立心理状态是最重要的。把客户的拒绝和反对意见当成销售流程的一环，你就不会害怕，更不会去闪躲客户的拒绝。此时你要去思考，客户有反对意见不一定代表他不会购买，而只是不清楚它是不是真的需要拥有这个产品本身。所以，处理反对意见的第一步就是先克服心理障碍。

在处理客户异议的过程中，不要把客户当成敌对方——总想着要战胜对方，这是很多客户经理在处理异议时常犯的错误之一。这是因为，即使你战胜了客户，用你的专业知识与沟通能力把客户驳得体无完肤，也得不到你想要的成功销售的结果，须知任何人都不喜欢拒绝与批评。因此，在同客户沟通时，特别是双方意见不一致或客户提出异议时，客户经理要特别注意沟通的技巧和说服客户的语言模式。客户经理应换位思考，看看哪些话能说，哪些话不能说，这样就一定会避免尴尬，促成产品的销售。客户的异议一定是对你的反对与拒绝吗？其实，将客户的异议变成客户向你提出的一个问题，是你处理客户异议的最佳应对。在成功的异议处理实践中，通常会包含倾听客户异议、认同事实、做出回应和达成共识确认四大步骤（见图 6-10），这就是通用的异议处理流程与法则，即 HAAC。HAAC 法则能够让你变成一个会说话的人，在处理异议时很好地说服客户，并且让客户感觉良好。

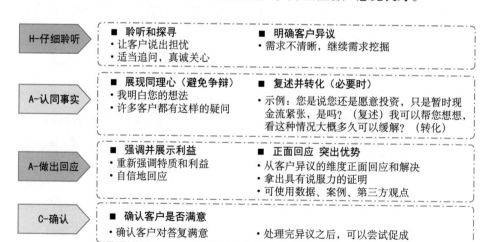

图 6-10　异议处理四大步骤

第一步骤是仔细聆听。一个好的客户经理是一个好的倾听者，倾听的目的是充分理解客户的异议，你需要了解客户异议的真实原因，也就是要了解客户异议背后的出发点；从心理与态度上理解客户提出的异议，也就是要有所谓的同理心。如果你购买某个重要产品，也会有很多问题；只有理解了客户，才能更有效说服客户。你要做的是，首先锁定客户的异议点。如果不锁定，客户问了你一个问题，可能还会提出另一个问题，于是销售就会进入一个又一个地解答客户问题的怪圈当中，这样容易破坏销售的气氛和进程，难以达到关单的目的。有没有一种技巧，可以有效地制约客户产生新异议呢？那就是假设问句法，其句式是"假如这个不是问题，您是不是就没有其他问题了"。

这个问话有两个好处：一是能知晓客户到底有多少异议，并知道其真实目的与想法；二是可以有效地得到客户的一个承诺，有利于销售的进行。比如，有的客户说："保险是不错，可是保险和定期不一样，对于定期，中途用钱时我还能取，可我要是把钱买成了保险，中途需要用钱的时候就取不出来。"用假设问句法可以这样回答："假如您买了保险，中途用钱时可以拿到钱，您对于购买保险是不是就没有其他问题了。"结果自然只有两个，如果客户说"我还有其他问题"，那么你早知道客户的问题比晚知道客户的问题要好很多。如果客户说"我没有其他问题了"，那就等于你得到了客户的一个承诺，只要你能证明他买了保险，在他中途需要用钱的时候也可以拿到钱，他就会购买你的保险。

第二个步骤是认同事实。在锁定异议后，特别需要注意，你要达成的目标是消除客户的异议，最终达成成交。在认同事实阶段，你需要做的是认同客户提出的异议，同时缓和客户对异议点的顾虑，最后聚焦确认你所理解的客户异议点和客户的表达是否一致，最好用你的语言复述一下客户的异议点，同时征求客户确认，以确保双方理解一致。在认同事实的阶段，当客户提出异议后，你要有一定的缓冲思考时间，力求给客户这样的感受——你接下来说出的话是经过深思熟虑的。话术模板如表 6-16 所示。

表 6-16　认同事实阶段的话术模板

认　　同
（1）我理解您的感受。
（2）我能体会您担心的原因，如果换作我，可能也会有如此顾虑。
缓　　和
（1）我常听到客户这样的反馈。
（2）我发现许多像您这样的客户都会有类似的反应。
再　焦　虑
（1）如果我理解正确的话，您觉得投资的期限太长了，是吗？
（2）如果我没理解错的话，您刚才意思是，认为产品的风险太大，是吗？

第三个步骤是做出回应。做出回应的环节是处理异议的核心，是重新与客户建立共识的环节，可帮助客户去消除异议。在回应环节的目标是围绕客户的异议去展开说明，说服客户，帮助客户打破原先固有的观念，重塑认知，相当于再次进行客户教育。

在产品营销过程中，客户经理应该像医生一样，先给病人做一定的问询和诊断，然后开具药方，并提醒病人用药的剂量和复诊的时间。客户经理在向高净值客户销售产品时，也应如此。在客户投资前，客户经理要对客户进行资产配置现状的分析和诊断，然后出具资产配置计划，根据资产配置计划选择合适的产品进行配置，并尽到信息披露和风险提示的义务，待产品配置结束后，定期与客户沟通产品的投后、投资收益分配和资产配置检视优化调整等事项。客户经理在产品营销过程中的服务内容，可以归纳为投前、投中和投后三个部分（十件事）。

一是投前三件事：① 对客户进行关于资产配置重要性的理念教育；② 告知客户合理的资产配置内容和流程；③ 结合客户资产配置现状进行诊断，出具资产配置方案并提出具体产品配置建议。

二是投中四件事：① 向客户充分披露产品细节，如产品类型、期限、收益分配模式、认购费、管理费等；② 充分解释产品投资风险和收益分配方式；③ 合法、合理地完成投资和交易的操作流程；④ 做好法律政策和操作风险规范要求的文件和信息管理。

三是投后三件事：① 定期与客户保持联系，按约定执行必要的投后披露；② 按照产品投资协议，为客户执行收益分配安排并做好提示；③ 半年度或年度，对客户资产配置状况进行信息更新，提供优化调整建议。

五、面访质检表

为不断提升面访营销效率，客户经理可参照面访质检表（见表 6-17），对自身的面访技能进行练习。管理者也可以依据面访质检表的评分标准对抽检的面访录音或录像进行打分，从中选出优秀案例和反面教材，带领客户经理在定期例会中学习。

表 6-17 面访质检表

项目		分值	得分	问题/建议
开场 破冰	确认议程，提及面访时长，确认面访内容	3 分		
	强调面访内容给客户带来的好处	3 分		
	同客户确认面访安排	3 分		
建立 信任	沟通内容丰富，逻辑通顺，条理清晰，客户易于理解接受，能够呈现出可信度、可靠度、可亲度	6 分		
	合理运用工具，包括但不限于资产配置建议书/销售展板/手绘等直观方式来呈现专业度，使客户易于理解接受	10 分		
	让客户感受到此次面访与其切身利益高度相关，无营销痕迹	3 分		
	结合客户自身情况，适时与客户互动，讲到关键点时要及时同客户确认有没有不清楚的地方，达成共识后再往后进行，切忌长篇大论自行其是	6 分		

项目			分值	得分	问题 / 建议
进行KYC	首次面访	客户资产状况（包括但不限于经常往来金融机构、做过哪些产品、产品金额、购买体验）	3分		
		客户家庭状况（包括但不限于家庭成员、婚姻状况、健康状况）	3分		
		客户的工作状况（包括但不限于收入来源、被动收入情况）	3分		
		客户对未来的规划（包括但不限于子女教育、退休养老、财富传承）	3分		
	非首次面访	再次挖掘客户的资产状况、家庭状况、工作状况、未来规划	6分		
		与客户确认之前的资产状况、家庭状况、工作状况、未来规划等情况	6分		
	能够根据提问情况有针对性地深入挖掘客户存在的问题、困难和不满，直击客户痛点		6分		
	能够从客户利益角度出发，分析客户当前存在的问题会对其未来产生不利影响，并对该影响提问，强化问题的严重性和紧迫性，以引起客户重视		6分		
	能够根据问题的严重性引导客户确认需求及需求的紧迫性		3分		
配置建议	强调产品或所提供服务的特征，让客户明白具体是什么		3分		
	能够通过产品、服务的特征引出同类产品、服务的比较优势，并先于客户主动提出缺点，通过"反话正说"的方式进行弱化处理		6分		
	在特定营销场景下，让客户感受到此配置建议能给他/她带来什么好处		3分		
	提供佐证，需要使用客观、权威、可靠、可视的证据		3分		
异议处理	处理问题要充分运用"理解认同、回应好处、确认提问"的方式		6分		

续表

	项目	分值	得分	问题 / 建议
结尾	回顾今日的面访内容并强调对客户的好处	2 分		
	确定下一步行动方案，与客户达成一致	2 分		
	约定下次面访时间	2 分		
	总分	100 分		优秀电访（75～90 分） 合格电访（60～75 分） 反面教材（0～60 分）

第七章 ————————————

财富中台"赋能与管控"体系

为推动财富业务的发展与核心竞争力建设，众多银行纷纷提出"强中台，增效能"计划，旨在搭建强有力的财富业务中台支撑体系，为前台二级支行网点和客户经理持续赋能，提升财富客户经营效能。

财富中台建设需坚持"为客户创造价值"的理念，以提升财富管理专业核心能力、体系支撑能力为核心，搭建强有力的中台支撑体系，建设三大财富中台队伍的专业化力量，即财富顾问、产品经理与客群经理，明确岗位工作标准和流程，畅通前中后台支撑传导链条，整合各类资源，围绕客户"链式经营，向上输送"经营体系，创新服务模式，提升资产配置能力和客户经营能力，助力财富业务转型快速落地，全面提升财富级以上客户价值贡献度，助力做大、做优财富业务规模。促进财富管理业务快速发展是财富中台建设的目标。

第一节 ｜ 总行、分行、支行三级中台"赋能与管控"组织架构

从组织架构设置来看，一般由总行、一级分行统筹，个人金融部或财富管理部下设财富业务管理与推动部门，设置财富主管岗，统筹财富中台建设和财富业务推动工作，组织指导财富顾问、产品经理和客群经理落实标准工作流程，协同开展工作；定期跟进财富业务发展及过程管理指标达成情况，结合财富管理重点工作及目标缺口，组织制订并实施辖内财富管理发展措施；向辖内分支机构传导财富业务经营战略及重点工作，并开展培训、指导，持续跟踪工作过程及效果。图 7-1 是财富中台体系建设蓝图与模型。

一、客群经理的角色定位与职责

客群经理要负责财富级以上重点客群经营、客户全生命周期管理、财私客户投教类活动、权益体系建设等关键工作。

客群经理核心履职包含四个方面内容：一是结合辖内财富级以上客户画像与需求特点，组织财富级以上客户分层分群经营，制定经营策略；二是围绕财富级以上客户经营，制定并组织客户金融专业投教类活动与非金融情感维护类活动，包括理财节、投资策略会、高客家宴等；三是根据上级行的非金融增值服务体系，结合属地化客群特征，整合资源，打造属地化客户特色权益体系；四是围绕客户数和 AUM 增长指标，阶段性策划相关营销方案，匹配对内激励资源与对外客户权益，有效推动、管控二级支行网点执行。

客群经理重点考核财富级以上客户数和 AUM 增长指标，推动向上输送率、资产配置达标率，降低存量财富级以上客户流失率。

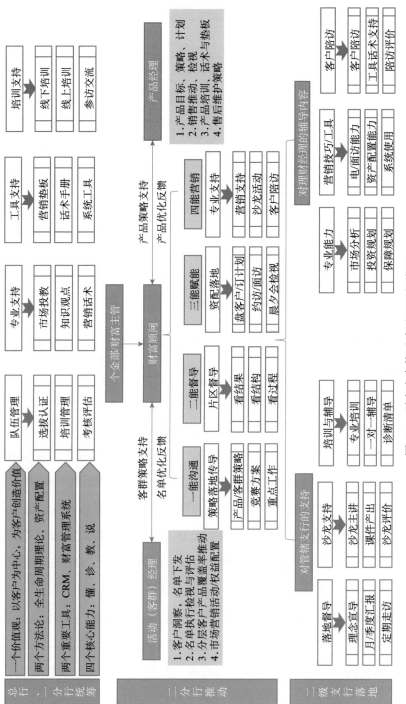

图 7-1 财富中台体系建设蓝图与模型

二、产品经理的角色定位与职责

产品经理负责：重点客群的产品组合方案的销售情况以及业绩跟踪，财富级以上客户各产品的渗透率与覆盖率，专属重点产品的销售情况及客户经理出单率等关键工作。

产品经理核心履职包含四个方面内容：一是根据产品货架，结合辖内客群需求特征，梳理重点产品池，制订具体产品组合方案，并推动落地销售；二是围绕重点产品池，做好投前市场分析、投中产品培训、投后售后跟进等全流程专业支持和合规管理；三是结合属地化营销活动及客户需求，提起属地专属产品申请，并为客户活动提供相关资源支撑，如保险公司协同、证券公司协同、基金公司协同等；四是结合宏观市场变化和业务发展时序达成进度，不定期策划节点性产品营销推动方案，并高效推动二级支行和客户经理执行落地。

产品经理重点考核财富专属产品的销售、中收创造情况和客户经理重点产品出单率。

三、财富顾问的角色定位与职责

财富顾问作为与二级支行的连接枢纽，通过深入前台、下沉网点，将财富管理中台专业支撑传导至"最后一公里"。

财富顾问核心履职包含四个方面内容：一是协助客户经理为辖内财富级以上客户提供"1+1"服务，开展陪谈陪访，优化客户体验，提高营销成功率；二是根据重点深度支撑叠加服务支行的客户经理，从经营计划制订、营销技巧、资产配置能力等方面对客户经理进行深度赋能训练；三是围绕财富客户经营，适时开展专业投教类沙龙活动，并作为沙龙活动主讲者，协助客户经理做好客户投教转化；四是结合客群经营计划和产品推动计划，支撑二级支行和客户经理做好客户盘点，制订经营计划，为财富级以上客户进行资产配置、优化资产结构、提升钱包份额。

财富顾问重点考核支撑核心网点客户经理中收创造、支撑所属机构净增财富级以上客户数，推动提升资产配置实施率。

四、财富中台建设现状的三个堵点与一些建议

从国内商业银行财富中台建设实践运营情况来看，目前存在三个核心问题亟待解决：一是财富中台三支队伍（客群经理、产品经理、财富顾问）标准化 SOP 工作范式；二是财富中台三支队伍岗位间的高效协作与融合推动；三是财富中台如何实现向下对二级支行和客户经理的高效服务叠加、业务推动与赋能。

财富管理中台的核心协同机制应以财富级以上客户数、AUM 增长、中收、重点产品配置率等目标达成为导向，针对前台二级支行和客户经理存在的经营路径不清、客户经营不深、资产配置率不足等常见营销管理问题，开展岗位联动，共同支撑二级支行做好财富客户经营模式升级，提升客户经理经营服务财富客户的专业能力，做到平级高效协同，对下赋能支撑。

1. 人员到位，履职到位，筑就财富中台之基

从最佳实践来看，财富中台三大岗位配置至少要做到"1+2+N"配置，即 1 个客群经理、2 个产品经理和 N 个财富顾问，通常来说财富顾问的数量按照 1 个财富顾问叠加服务 8 家二级支行或 10 位客户经理进行配置。

岗位人员到位后，制定岗位 SOP 工作范式，明确月、周、日关键工作事项以及对应的工作流程、标准，确保既能各司其职，又能互相配合、协同支撑。

2. 绩效到位，资源到位，形成科学考核机制

按照财富中台岗位性质，建立符合市场化标准的 KPI 考核激励体系，强化绩效与岗位核心职责挂钩，充分调动中台工作积极性。

从商业银行的最佳实践来看，财富顾问绩效考核一般分为行为绩效和结果绩效。行为绩效与陪访客户数、沙龙场次、内部赋能培训场次等相关，结果绩效与挂钩核心二级支行财富级以上客户数与 AUM 增长、客户经理月中收提升、战略性产品销量（如保险金信托、家族信托等）等相关。

3. 执行到位，协同到位，形成高效支撑体系

为确保财富中台明白"做什么"与"怎么做"，需要构建规范、高效的中台协同工作机制，由"单打独斗"向"团队作战"转变，需要做好以下四个动作：一是月度经营分析会。财富中台每月至少要召开一次经营例会，财富顾问、客群经理、产品经理应做好财富级以上客户经营情况、AUM 增长、资配实施率与达标率、重点产品出单率等经营数据和核心履职情况总结，全面掌握下级行和每位客户经理指标进度，结合目标缺口，发现并解决问题。二是制订经营规划。客群经理和产品经理要围绕经营指标缺口与所发现的问题，制订客群经营计划和产品推动计划，做好产品与客户适配，在 CRM 系统内建立分类标签，形成目标达成路径指引，在此基础上，财富顾问应协同客群经理、产品经理做好分类客户的资产配置建议策略。三是赋能与管控推动。中台应协同配合，全面为二级支行和客户经理赋能，客群经理、产品经理应面向二级支行和客户经理开展客户核心经营理念宣贯、重点产品培训、重点活动与权益清单说明等，财富顾问应重点推动核心二级支行指标达成，分析二级支行客户经理业绩情况，支撑做好陪谈陪访、客户沙龙、营销案例萃取等工作，及时将一线问题反馈给中台，形成闭环管理。四是绩效检视。财富主管应牵头定期开展绩效检视，确保行为指标与结果指标并重。在行为指标方面，财富顾问、客群经理、产品经理、二级支行、客户经理核心关键行为是否执行到位。在结果方面，定期跟进各项指标达成情况，组织财富中台动态优化并落实客群经营计划和产品推动计划，中台各岗位要做好辖内机构业绩追踪，做好"橄榄型"推动与管理，萃取优秀经验并及时推广，及时辅导

落后机构。

本章以下内容只围绕财富中台财富顾问岗位进行展开，对客群经理和产品经理岗位不做细致展开。

第二节 | 财富顾问/投资顾问标准化 SOP 工作范式

财富顾问岗位的角色定位用一句话来概括，即：财富顾问应比客户经理更懂市场和配置，比产品经理更懂客户与营销。借鉴国内商业银行的最佳实践，财富顾问不仅是高胜任力的客户经理，还是一名优秀的网点经营管理教练。

从财富顾问岗位履职能力和岗位定位要求来看，此岗位需要具备"三力"与"五者"定位（见图 7-2）。"三力"分别是陪访力、投教力和业务支撑力；"五者"分别是重要客户陪访者、财富沙龙主讲者、营销能力赋能者、营销工具生产者和支行问题解决者。

一、财富顾问"三力、五者定位"内涵解析

财富顾问岗位是财富中台岗位中与二级支行、客户经理协同最紧密的岗位，围绕"三力、五者定位"的工作内容，财富顾问需做到以下三方面。

一是重要客户陪访者。对二级支行重要客户提供专业陪访服务，而实施陪访服务的前提是财富顾问自身是一位高胜任力客户经理，同时根据财富客户专业服务四步工作法与陪访前、中、后流程的实施，与客户经理一起对重要客户进行协同服务。

二是投教力。对外投教者是财富沙龙的主讲者，对客户进行财富管理方面的理念植入与认知重塑，打破客户与银行、客户与客户经理之间认知不对称、信息不对称的问题，总结一句话，最好的销售是认知的投教；对内投教者是营销能力赋能者，围绕宏观市场、资产配置策略、复杂产品营销技巧、客户经营技巧等主题对客户经理提供专业的培训、演练与通关培训。

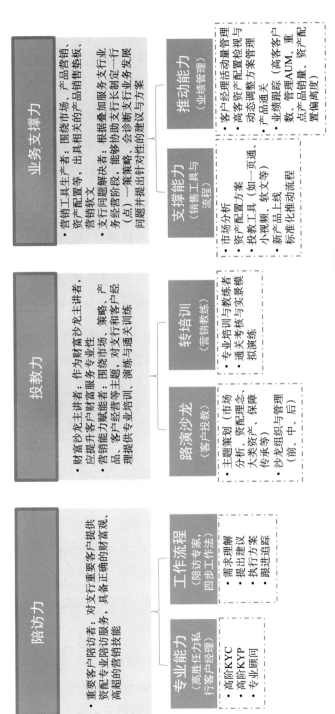

图 7-2 财富顾问"三力"与"五者"定位模型

三是业务支撑力。一方面，财富顾问需要将标准化系列销售垫板（如资产配置垫板、理财／基金／保险产品销售垫板）等工具进行优化升级，并及时根据宏观市场变化、监管政策变化、市场热点事件，阶段性出具相关营销推动工具，工具的形式可以是一页通、短视频、软文等形态，来提升客户经理营销效率；另一方面，财富顾问需要根据二级支行在财富业务相关指标上的时序达成进度，协助二级支行管理者一起制订营销计划，并根据营销计划落地，辅以相关的支撑。

二、财富顾问"三力、五者定位"下月度工作范式

财富顾问岗位月度工作范式可以用"8、4、1、N"来总结（见图7-3），即每月完成对8家二级支行的走访赋能，4次内部客户经理专业主题培训，1场对外投教类沙龙主讲和N个重要客户陪访。从工作内容的时间分配来看，建议参考占比为客户陪访30%、客户沙龙20%、辅导答疑30%和培训通关20%。

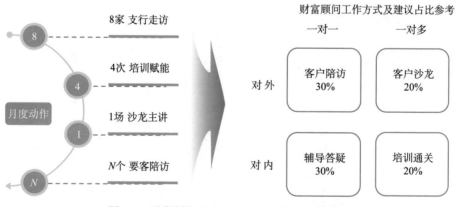

图 7-3 财富顾问"8、4、1、N"月度工作范式

三、财富顾问"三力、五者定位"下周工作模板

为高效提升财富顾问工作效率，可根据财富顾问月度工作范式和核心工作内容的时间占比做好分配。表7-1是财富顾问周工作内容规划示例。

表 7-1　财富顾问周工作内容规划示例

时段	财富顾问周工作示例				
	周一	周二	周三	周四	周五
班前准备	当周工作梳理	A 支行晨会	B 支行晨会	下周沙龙计划	周例会准备
8:30—12:00	（1）当周赋能支行准备 （2）上周案例萃取发布	（1）支行管理岗交流 （2）营销岗位辅导 （3）客户陪访	（1）支行管理岗交流 （2）营销岗位辅导 （3）客户陪访	（1）沙龙材料制作 （2）沙龙执行情况分析	（1）下周支行辅导安排 （2）上周辅导支行复盘/纠偏
14:00—17:00	（1）内部产品学习/通关 （2）中台周例会	（1）营销岗位辅导 （2）客户陪访	（1）营销岗位辅导 （2）客户陪访	（1）沙龙主讲 （2）客户陪访	（1）周例会（分行） （2）营销方案策划
17:00—18:00	支行线上周夕会	A 支行夕会	本周赋能主题培训	周客户经营案例萃取	
客户经理日活动量行为与业绩结果通报					

四、财富顾问"三力、五者定位"下日工作流程

为高效提升财富顾问的工作效率，可根据财富顾问的核心工作内容与履职要求进行管理。图 7-4 是以日为单位梳理财富顾问的典型工作安排示例。

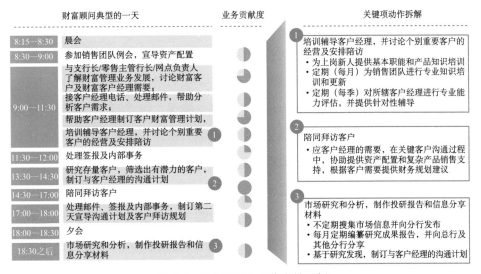

图 7-4　财富顾问日工作安排示例

第三节 | "财富顾问 + 客户经理"叠加协作服务工作模式

在资管产品全面净值化、客户财富管理需求复杂化、同业竞争日益激烈的当下，应以客户需求为中心，提供专业、持续、有温度的财富管理服务是财富业务持续发展的核心工作。财富顾问作为财富客户资产管理的专业赋能队伍，应在内部转培训、客户陪访、沙龙组织等各项客户经营工作方面为客户经理提供专业支持，带动客户经理专业能力的成长，优化客户服务体验，最终实现综合产能的提升。

从客户体验角度来说，财富顾问与客户经理长期共同经营财富客户，能有效深挖客户需求，专业匹配精准服务，最大限度地提升客户的满意度和黏性，转化客户价值。

从行业实践角度来看，"财富顾问 + 客户经理 + 二级支行（零售分管行长）"叠加协作服务工作模式的落地非常不易，背后的原因有很多："有些银行是因为财富顾问岗位从源头上选拔就出现难以胜任的情况，有些银行是因为二级支行和客户经理并不愿意让财富顾问接触核心重要客户。在叠加协作服务工作模式落地的初期，众多银行可能会考虑采用一些特殊的"事件"来推动此模式的落地，让二级支行和客户经理从理念上认同、行为上支持协同服务模式，从而提升客户经营效率，让客户的贡献最大化。举个具体的例子，A 股份银行 S 分行采购一批高净值客户权益，根据二级支行网点高客数量来匹配，但前提是二级支行如果想将这些权益的资源用作高客维护，则必须要求投资顾问参与；B 股份银行为推动协同服务模式落地，从总行层面统一启动公私募大回访行动，要求财富顾问 + 客户经理共同对持有公私募基金的重点商机客户进行协同服务，同时追踪行为过程（客户跟进率与陪访率）和结果（赢单率），最后成功地将财富顾问 + 客户经理协同服务工作模式进行催化，并以此为开始将协同服务工作场景扩展至更多维度。

一、"财富顾问＋客户经理"叠加协作服务"铁三角"工作模式

"财富顾问＋客户经理"叠加协作服务工作模式的落地，需要规范在协同中三类角色所承担的关键事项（见图 7-5）。此模式可以归纳总结为：财富顾问落实"六个一"、客户经理落实"六必做"和二级支行长（零售分管行长）落实"五支持"，围绕七项典型工作场景进行协同，即策略传导、客户盘点、制订方案、陪访陪谈、沙龙活动、投后陪伴、赋能练习。

二、"财富顾问＋客户经理"叠加协作服务工作模式下财富顾问"六个一"

在"财富顾问＋客户经理"叠加协作服务工作模式下，财富顾问要做到"六个一"的要求，如表 7-2 所示。

表 7-2　对财富顾问的"六个一"要求

工 作 事 项	工 作 要 求
每天至少一次对下赋能	每个工作日至少开展一次对下赋能，内容包括市场资讯、重点产品、营销策略解读等，可结合晨夕会、周例会、月例会等月度工作计划开展
每周至少两天驻点辅导	驻点内容包括但不限于客户经理能力提升辅导、经营分析督导、客户陪访等，为客户经理建立"一人一档"赋能档案，每周至少确保协助陪访一个客户，每季度确保名下协营客户经理全覆盖
每月至少一场沙龙活动	每月确保组织一场由财富顾问主办或协助网点举办的沙龙活动
每月确定一个营销主题	结合投研策略、内外部市场情况，每月确定一个营销主题，帮助客户经理圈定重点营销客群及经营方向，并做好策略输出与物料支撑
每月至少一次培训赋能	通过线上或线下辅导形式，财富顾问组织客户经理对市场分析、理念传导、产品解读等关键能力进行演练并点评指导
每月至少一次经营复盘	定期对协营单元工作推进情况进行经营复盘，建议每周一次小结，至少每月一次复盘。复盘内容包括本周／月团队整体工作推进及业绩完成情况、下周／月工作计划、客户经理业绩回溯与工作点评、存在问题及改进措施、经验萃取与案例总结等

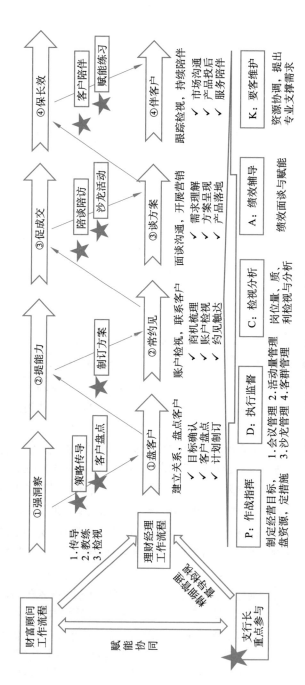

图 7-5 叠加协作"铁三角"工作模式

三、"财富顾问＋客户经理"叠加协作服务工作模式下客户经理"六个一"

在"财富顾问＋客户经理"叠加协作服务工作模式下，客户经理要做到"六个一"的要求，如表7-3所示。

表7-3　对客户经理的"六个一"要求

工 作 事 项	工 作 要 求
每日"必推送"	每日定时将市场资讯、热门活动、重点产品等信息，推送给微信客户或朋友圈，根据客户浏览、回复等，发现潜在需求，跟进维护
每日"必联系"	根据客户生日、产品到期、大额资金变动、客户提醒、产品净值波动等商机线索，每日开展客户联系，做好客户关系维护，发掘营销机会。对于新分配客户，要在7天内建联破冰，添加企业微信好友，完成首次问候
每日"必面见"	每日邀约客户到店或上门拜访，开展深度客户关系维护，在拜访中做好客户KYC、资产配置方案解读、拜访信息记录等工作
每日"必复盘"	每日复盘当日工作计划执行情况，梳理客户维护情况，做好当日营业业绩登记和认领，总结执行工作计划中存在的问题并分析原因，制订后续工作计划
每日"必提升"	每日学习财富顾问所提供的宏观策略、配置策略、产品策略相关专业传导内容或培训资料，提升自身财富管理专业水平
每月"必协同"	通过线上或线下方式，协同财富顾问、网点负责人，开展名下客户的陪访、沙龙活动等，提升协作经营合作效能

四、"财富顾问＋客户经理"叠加协作服务工作模式下支行长"六个一"

在"财富顾问＋客户经理"叠加协作服务工作模式下，支行长要做到"六个一"要求，如表7-4所示。

表 7-4　对支行长的"六个一"要求

工 作 事 项	工 作 要 求
P：作战指挥	支行长（零售分管行长）根据财富管理经营目标，向财富顾问提出客户盘点、策略支撑等需求，从管理维度和专业维度共同制定经营策略和工作推进要求
D：执行监督	支行长（零售分管行长）在财富顾问策略传导、客户盘点、方案制定等环节要做好双向监督管理，监督财富顾问赋能支持质量，检核客户经理日常经营行为与业绩结果的达成
C：检视分析	检视客户经理落实财富管理工作要求、客户经营维护、专业能力提升等提供工作支持，监督工作成效的落实
A：绩效辅导	支行长（零售分管行长）按月对客户经理工作进行绩效复盘与辅导，同时按月对财富顾问支持情况进行评价
K：要客维护	支行长（零售分管行长）作为网点首席客户经理，参与重要客户的经营维护，配合支持客户经理做好要客的陪访工作，同时在跨条线资源整合上进行协调

支行长（零售分管行长）做好月度"一行（点）一策"方案

五、"财富顾问 + 客户经理"叠加协作服务工作模式最佳实践解读

不同类型的商业银行目前在财富中台建设，尤其是"财富顾问 + 客户经理"叠加协作服务工作模式落地的阶段与效果差异巨大。图 7-6 是 A 股份银行"财富顾问 + 理财经理"叠加协作服务 PDCA 模式落地的最佳实践。

1.P（目标管理）：三盘定目标

三盘定目标指的是通过盘目标、盘客户与盘活动量来确定营销规划。财富顾问通过了解对口二级支行与理财经理业务缺口与客户数据，与二级支行与理财经理共同确认精准名单，并制订经营计划。

三盘定目标

- **盘**目标：了解对口支行及理财经理销量及销售**客户数**
- **盘**客户：了解支行及理财经理总行名单及名单外客户**盘点情况**，及当前联络情况
- **盘**活动量：了解理财经理外呼、面访、宣传等活动量计划

三讲落配置

- **讲**市场：**转码**总行投研观点，讲市场、明机遇、树信心
- **讲**配置：导入"四份钱""资产配置表"，讲解配置逻辑及方法工具
- **讲**产品：导入重点配置产品FABE话术、电面访及异议处理方案

紧盯过程结果

开售前
- **盯**预约量：按日盯预约进度
- **盯**开口率：活动量进度
- **盯**质量：录音抽听话术应用

开售后
- **盯**实时销售进度
- **盯**理财经理人人出单

萃取与纠偏

- **萃取**优秀案例，做全行经验分享，实现复制推广
- **纠偏**落后支行和理财经理，话术通关、精准赋能

图 7-6 A 股份银行"财富顾问 + 理财经理"叠加协作服务 PDCA 模式

2. D（执行落地）：三讲落配置

三讲落配置指的是通过讲市场、讲配置和讲产品来推动执行落地。一是从宏观市场视角，财富顾问转码总行投研观点，向二级支行和理财经理讲解市场情况，树立信心；二是从中观理念的视角，财富顾问利用"四份钱""资产配置表"等工具，讲解配置逻辑与工具运用方法，提升理财经理销售效率；三是从微观产品的视角，财富顾问要向二级支行导入重点产品 FABE 话术、客户电面访话术与典型营销情景异议处理技巧。

3. C（过程检视）：过程管理

过程管理指的是围绕重点产品营销指标来确保过程执行到位。通过产品上线前的预热，财富顾问需要检视二级支行和理财经理预约量（利）、开口率（量）与销售录音（质），待产品上线后跟进产品实时销售量与销售时序达成进度，并确保理财经理"人人出单"。

4. A（复盘优化）：萃取与纠偏

萃取与纠偏是"财富顾问 + 理财经理"叠加协作服务工作模式落地的闭环，一方面需要对优秀的二级支行和理财经理营销管理案例进行萃取并分享，

以点带面，实现全行复制推广；另一方面需要对落后的二级支行和理财经理进行定向纠偏，精准赋能。

六、陪访"前、中、后"流程解析

陪访的意义在于通过陪访或"1+1+N"的服务提供，展现银行的专业能力优势和资源整合优势，深化客户对银行的认知，使其理解不仅仅是客户经理一个人在服务，而是一个团队在服务，将客户对客户经理的信赖和认可扩大至对银行专业服务体系的认可，以获得客户更为复杂、多元、长期需求的服务委托。

1.陪访前准备三件事

财富顾问在协助客户经理正式陪访客户前，应与客户经理进行营销策略沟通，根据客户的类型及面访目的，有针对性地做好面访准备。从陪访管理的角度来看，客户经理需提前5个工作日以上提交具体陪访申请与需求，由财富主管进行评估是否接受陪访邀请。以下是陪访前准备工作三件事，即陪访前工作要点说明、陪访前准备检视卡、陪访前客户信息表。

（1）陪访前工作要点说明（见表7-5）。

表 7-5　陪访前工作要点说明

工　作	要 点 说 明
了解客户经理需求	与客户经理沟通本次陪访目的，了解客户经理需求
了解陪访客户	（1）与客户经理沟通，了解客户管理资产、产品持有类型、FORM 信息； （2）财富顾问与客户经理进一步深度分析客户潜在需求，设定本次陪访目标
准备完善的资料和工具	（1）寒暄、开场白设计； （2）市场热点及与客户相关话题准备； （3）产品销售准备； （4）KYC 问题预设； （5）销售工具； （6）情景设想与异议问题处理准备

续表

工　作	要 点 说 明
角色分工与面谈逻辑	（1）决定由谁主导访谈； （2）确定财富顾问和客户经理的角色分配 　　谁做开场白，谁收场？ 　　谁负责专业内容阐述？ 　　如何分配不同的陪访沟通要点？

（2）陪访前准备检视卡。为了确保面谈的顺利进行和沟通策略的有效实施，并为可能的突发状况做好充分准备，防止因为工作疏漏导致功亏一篑，财富顾问与客户经理应在面访前做好充分的工作准备。表 7-6 是陪访前准备检视卡。

表 7-6　陪访前准备检视卡

准 备 资 料	是 否 齐 全
（1）前期沟通记录＋寒暄、开场白设计	□是□否
（2）市场热点及与客户相关话题准备	□是□否
（3）产品资讯	□是□否
（4）KYC 问题预设	□是□否
（5）销售工具（投资规划建议书、销售垫板等）	□是□否
（6）情景设想	□是□否

（3）陪访前客户信息表（见表 7-7）。陪访前客户信息表是帮助财富顾问与客户经理更好地梳理客户 FORM 信息，结合客户的过往投资经历和性格特点，确定面访目标的关键工具之一。

（4）陪访议程案例：以婚姻祝福为切入点营销大额保单 / 保险金信托，如表 7-8 所示。

表 7-7　陪访前客户信息表

客 户 信 息			
个人信息（F）		**工作情况（O）**	
客户号		受雇 / 企业主	
姓名		行业	
性别		职位	
年龄		企业名称	
家庭成员状况		公司地点	
居住地点		其他信息	
休闲爱好（R）		**资产情况（M）**	
休闲活动		个人收入	
家庭旅游		家庭总资产	
俱乐部		其他金融机构账户资产	
主题沙龙或高端游学兴趣		海外账户资产	
其他信息		其他信息	
客户性格分类			
考拉型		猫头鹰型	
老虎型		孔雀型	

投资 / 保险 / 增值服务需求挖掘			
过往最常用的理财工具		过往投资平均收益和投资期	
我行评估风险承受能力等级			
曾经参与过的投资（可多选）	大额存单 信托产品	银行理财 房产	公募基金
	P2P 产品 VC/PE	股票 外汇 / 期货	私募基金
现时拥有的保险保障（保额 / 币种）	年金险：_____　终身寿险：_____ 海外保险：_____		
持有哪些银行高端卡			
增值服务兴趣	子女教育与实习 海外置业	移民 家族信托	高端医疗

表 7-8　以婚姻祝福为切入点营销大额保单 / 保险金信托的陪访议程案例

议 程 规 划	议 程 主 题	议 程 说 明	操 作 重 点
开场寒暄	恭喜女儿婚姻，拉近关系	开场议程	从女儿婚姻议题切入，谈对家人的责任
议题一	资产配置沟通	主议程（向客户汇报）	客户账户整体收益，公私募获利情况回顾
议题二	2024 年二季度市场展望		沟通市场情况，降低预期同时锁定收益
议题三	女儿婚姻议题	讨论婚姻祝福与财富安全议题	用询问方式软性咨询客户意见
异议问题处理	主要处理流动性问题	大额保单或信托落地规划	缴款方式和来源
促成	女儿结婚前时间、分行活动	促成	强调时间点，纪念性

2. 陪访中执行六步骤

在陪客户面访阶段，客户经理在规划和执行面谈流程时，应和财富顾问妥善配合，以确保陪访目标顺利达成。

（1）陪访中工作实施步骤要点说明，如表 7-9 所示。

表 7-9　陪访中工作实施步骤要点

工 作	要 点 说 明
营造良好的访谈氛围	（1）自我介绍； （2）感谢被访客户能抽空接见，通报访谈的目的和面访时长，营造良好氛围； （3）事先与客户沟通，你将在沟通会谈时做记录，并说明记录的用途，如需要，则向客户重申你将严格保密访谈内容
建立共识：理念切入	（1）首次面访：资产配置理念切入； （2）后续面访：资产配置报告解读切入； （3）利用"现金流规划、资产隔离、养老规划、财富传承"话题进行切入

续表

工　作	要　点　说　明
聚焦问题剖析与产品讲解	（1）讲述市场分析、投资策略、建议方案（产品营销、资产配置、服务方案）； （2）投资类、保障类方案讲解
结束访谈	（1）总结要点； （2）提问最后一个开放式问题：有没有什么未谈到的问题，您想补充吗？ （3）就下一步工作达成共识，为今后进一步约访留有余地； （4）感谢被访谈者，表示讨论很有意义； （5）必须约好下次面访或后续服务的时间安排

（2）陪访中执行六步骤与配合流程。陪访执行时，需要按照以下六步骤实施，同时在六个环节明确财富顾问与客户经理二者间的分工与角色，如表 7-10 所示。

表 7-10　陪访中执行六步骤与配合流程

步　　骤	要　点　说　明	客户经理	财富顾问
1. 破冰寒暄	客户经理向客户引荐财富顾问	√	
2. 自我介绍	财富顾问进行自我介绍		√
3. 确认议程	客户经理向客户介绍本次沟通的议程与时长	√	
4. 理念沟通	以市场热点为切入点，对资产配置四笔钱、资产隔离、财富传承等进行专业内容输出		√
5. 方案呈现	（1）按照面访前准备的问题框架进行 KYC		√
	（2）围绕客户关心的问题与需求进行沟通，客户经理适时站在客户角度向财富顾问进行提问	√	√
	（3）方案讲解，确定落地具体产品、金额，强调规划方案对客户的好处，确定下一步行动方案和时间		√
6. 面访收尾	总结要点，表达感谢，达成下一步共识，约好下次面访与服务时间安排	√	

3.陪访后复盘与效果检核两个动作

陪访结束后，财富顾问和客户经理需对陪访的内容进行复盘，并以文字记录关键信息留档，供下一次陪访参考；同时财富顾问与客户经理应共同做好后续跟进计划，为再次约访做好准备。陪访后复盘与效果检核主要聚焦两个动作，即财富顾问与客户经理做好检核互评，做好一户一策经营地图信息更新与产能追踪。

（1）陪访后财富顾问与客户经理检核互评表，如表 7-11、表 7-12 所示。

表 7-11　财富顾问陪访检核表

流　　程	项　　目	分　　值	得　　分	问题 / 建议
陪访前准备	陪访关键难点是否梳理清晰	10 分		
	陪访目标是否清晰	5 分		
	客户需求分析是否准确	10 分		
	切入点的设计是否合理	5 分		
	设计的 SPIN 问句是否能击中客户痛点	10 分		
	陪访所需工具是否准备充分	5 分		
	陪访前演练是否充分	5 分		
陪访中表现	面访礼仪是否做到	5 分		
	异议处理能力	5 分		
	随机应变能力	5 分		
	陪访流程完整度	10 分		
	与财富顾问配合默契度	5 分		
	客户感知度	5 分		
陪访后总结	是否达成既定目标	5 分		
	客户经理反思总结	5 分		
	客户经理是否制订追踪计划	5 分		
总分		100 分		
客户经理能力提升方向				
辅导计划				

表 7-12　客户经理反馈检核表

流　　程	项　　目	分　　值	得　　分	问题 / 建议
访谈前	面访材料准备	20 分		
	KYC 信息有效性	15 分		
	客户需求预判准确度	15 分		
访谈中	客户反馈情况沟通难点及异议	20 分		
访谈后	落地方案	20 分		
	客户接受度	10 分		
合计		100 分		
后续追踪计划				
追踪目标		下一步追踪计划		
后续追踪时间		追踪切入点		
自我评价及心得				
陪访收获				
对今后工作启发				
个人提升计划				
对财富顾问陪访打分（0 ～ 100 分）				
希望财富顾问重点辅助技能				

（2）一户一策经营地图信息更新与产能追踪。财富顾问与客户经理应更新陪访客户信息表内的有效信息和新的需求（见表 7-13），即更新产能预估实际落地的配置情况，记录本次陪访调整建议和实际调整情况。

表 7-13 财富顾问与客户经理更新陪访客户信息表

客 户 信 息			
个人信息（F）		**工作情况（O）**	
客户号		受雇 / 企业主	
姓名		行业	
性别		职位	
年龄		企业名称	
家庭成员状况		公司地点	
居住地点		其他信息	
休闲爱好（R）		**资产情况（M）**	
休闲活动		个人收入	
家庭旅游		家庭总资产	
俱乐部		其他金融机构账户资产	
主题沙龙或高端游学兴趣		海外账户资产	
其他信息		其他信息	
客户性格分类			
考拉型		猫头鹰型	
老虎型		孔雀型	
投资 / 保险 / 增值服务需求挖掘			
过往最常用的理财工具		过往投资平均收益和投资期	
我行评估风险承受能力等级			
曾经参与过的投资（可多选）	大额存单　　　　　　银行理财　　　　　　公募基金 信托产品　　　　　　房产 P2P 产品　　　　　　股票　　　　　　　　私募基金 VC/PE　　　　　　　外汇 / 期货		
现时拥有的保险保障（保额 / 币种）	年金险：＿＿＿＿＿＿　终身寿险：＿＿＿＿＿＿ 海外保险：＿＿＿＿＿＿		
持有哪些银行高端卡			
增值服务兴趣	子女教育与实习　　　　移民　　　　　　　高端医疗 海外置业　　　　　　　家族信托		

续表

资产配置缺口和建议方案				
资产类别	陪访前配置 %	科学标配 %（示例）	陪访建议配置 %	陪访后落地配置 %
另类类		5%		
保障类		10%		
权益类		25%		
固收类		45%		
现金类		15%		
陪访前财富健康度得分		陪访后财富健康度得分		
本次陪访资产结构变化和目的（结合客户 KYC 信息与需求偏好，制订配置方案）	减少（示例）			
	（1）固定收益类理财产品比例，从 60% 降至 45%； （2）房产从 60% 降至 40%，降低实体房地产资产占家庭资产比重，增加金融资产比重； （3）10% 股票以其他资本市场工具代替			
	增加（示例）			
	（1）10% 保险，打好稳健的保障基础，无后顾之忧； （2）资本市场比例增加至 20%，以稳健的组合或者 FOF 方式参与资本市场； （3）参与长期的稳健高增长私募股权投资，比例建议为 5%			

第四节 | 总行、分行、支行三级"强中台，增效能"考核评价体系

"强中台，增效能"考核评价指标（见表 7-14）主要聚焦核心指标、重点指标与监测指标三个部分，原则上核心指标评价权重不低于 60%。核心指标主要评价叠加协作单元客户经理的客户经营成效，突出 AUM、年日均存款、中收等；重点指标主要评价客户经理管户下的客户财富管理业务情况；监测指标主要评价中台岗位履职过程，监测指标仅供管理机构监测参考。

表 7-14　"强中台，增效能"考核评价体系

类　别		指　标	口　径
核心指标	AUM+LUM（零售贷款，负债管理规模）	绑定客户经理名下财富客户 AUM 增量	期初绑定客户经理名下财富客户月日均 AUM 增量
		绑定客户经理名下财富客户 LUM 增量	期初绑定客户经理名下客户 LUM 余额增量
	客户经营维护	绑定客户经理名下财富级以上客户保有率	期初绑定客户经理名下客户中当前财富级以上客户数/期初数
		绑定客户经理名下财富管理客户占比	当期绑定客户经理名下客户中财富管理客户数/名下客户总数
		绑定客户经理名下加权财富管理客户增量	当期绑定客户经理名下客户中加权财富管理客户增量
		绑定客户经理名下加权财富管理客户增量	当期绑定客户经理名下客户中加权财富管理客户增量/期初数
	重点产品销售	重点投资理财产品销售	当期绑定客户经理重点投资理财产品销售金额，尤其是战略性业务，如保险金信托、家庭服务信托、家族信托等
重点指标	客户服务	绑定客户经理名下财富客户风险评估客户占比	当期绑定客户经理名下财富客户中风险评估数/名下客户总数
		绑定客户经理名下 KYC 客户占比	当期绑定客户经理名下客户中完成 KYC 客户数/名下客户总数
		绑定客户经理名下资配覆盖客户占比	当期绑定客户经理名下客户中完成资配覆盖规划（养老、留学、投资等规划方案）客户数/名下客户总数
		绑定客户经理名下资产配置达标率客户占比	当期绑定客户经理名下客户中完成资产配置达标（四笔钱，即零钱管理、稳健投资、进取投资、保险保障均有配置）客户数/名下客户总数
		绑定客户经理名下客户企业微信连接率	当期绑定客户经理名下客户中添加本人企业微信客户数/名下客户总数

续表

类　　别		指　　标	口　　径
监测指标（可纳入评价体系）	过程监测	策略传导次数	评价期内财富顾问组织策略传导次数
		业务培训次数	评价期内财富顾问组织业务培训次数
		营销沙龙组织次数	评价期内叠加支行组织营销沙龙次数
		陪谈陪访次数	评价期内财富顾问同客户经理陪访次数
		客均投资理财产品销售情况	客户经理名下客户投资理财产品销售金额 / 客户数

第五节 | 财富管理业务推动与销售管理"三端"体系

为有效构建财富业务推动与销售管理体系，根据过往实践，本书创造性构建出财富管理业务推动与销售管理"三端"体系，即客户端、营销端、管理端，如图 7-7 所示。

我们需要厘清客户端、营销端、管理端之间的逻辑关系。从客户端来看，财富业务的发展需以客户为中心，从获客和维护两大维度建立对应的客户经营标准体系；从营销端来看，客户经理是衔接客户与产品的纽带，是业务开展的关键，活动量是基础，销售流程是关键，标准化业务推动是核心，辅以专业底蕴夯实、营销材料与系列工具的高效应用，构成营销端经营标准；从管理端来看，精细化管理是达成财富业务相关指标的基础，是确保客户端和营销端相关标准、流程能够落地的关键，需要构建业绩管理、活动管理和技能培养三大维度的管理体系。

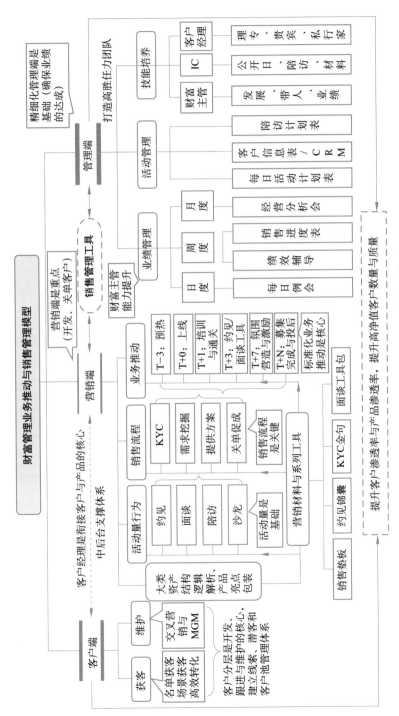

图 7-7 财富管理业务推动与销售管理模型

一、财富业务推动与销售管理之客户端

客户端聚焦两个方面：一是获客，即提升财富级以上客户数量，进而提升管理客户 AUM 增量（内容详见本书第三篇第一章第二节《新客获取关键策略之新客获取"三板斧"》）；二是维护，即从资产配置视角做好产品交叉营销，并实现 MGM 圈层营销。

二、财富业务推动与销售管理之营销端

营销端聚焦三个方面：一是活动量"三访一沙龙"管理，即约访、面访、陪访与主题沙龙；二是标准化销售流程，从 KYC、需求挖掘、提供方案与关单促成四个维度建立标准；三是标准化业务推动流程，从产品上线 T-3 预热、T+0 上线、T+1 培训与通关至 T+N 募集完成与投后构建产品营销推动全流程。营销端的开展好与坏，很大程度上取决于中台能够给予客户经理的赋能支撑体系是否到位，如各大类资产底层逻辑、产品 FABER 垫板工具等营销材料与系列工具。

三、财富业务推动与销售管理之管理端

精细化管理是财富业务达成的基础。基于能力发展，助力业绩提升是管理端的要义，聚焦三个方面：一是业绩管理，通过构建日、周、月度业绩追踪体系来实现业务目标；二是活动量管理，通过对财富顾问、客户经理等客户服务关键岗位的活动量来实现客户经营与维护；三是技能培养，构建财富主管、财富顾问、客户经理三个核心岗位的能力模型，制订财富条线不同岗位专业营销与管理能力提升规划，对不同岗位能力的现状进行评价，制定差异化能力提升指引。财富业务管理者要确保团队的专业能力持续发展，打造学习型组织，主要有四大路径，即"训""战""学""传帮带"，尤其是"传帮带"培养模式，近年来逐渐成为岗位能力提升的主要模式，原因是内部教

练比外部顾问更能深刻了解体系内的运作机制。"师徒传帮带"指的是根据岗位员工的个人特质和能力现状匹配资深员工进行带教。为提升带教效果，一般采用结对子 PK 的方式，在多组师徒中进行。PK 的形式一般以重点指标达成开展，以周度或月度的频率开展。表 7-15 是客户经理岗位新人"师徒传帮带"模式示例。

表 7-15　客户经理岗位新人"师徒传帮带"模式

PK 内容	客群指标	达成	规模指标	达成	重点产品销售	达成	银保	达成	总分（达成率加总 ×100）
员工 A（师傅 A）得分									
员工 B（师傅 B）得分									
员工 C（师傅 C）得分									

备注：

（1）PK 指标项根据业务重点灵活制定；

（2）以各指标达成率加总 ×100，作为获胜依据；

（3）PK 奖励：对获胜师徒组合灵活给予一定物质小奖励（如下午茶、电影票、购物券等）

第八章

支行 PDCA 经营管理模型

　　财富管理业务转型的升级与发展不仅涉及经营价值观、客户经营体系、组织管理模式、系统建设等，更涉及深层次二级支行网点管理模式的变革，因为财富业务所有战略的执行都依靠二级支行的执行，"上面千条线，下面一根针"，顶层战略的实现建立在一线二级支行执行到位的基础上。实践表明，众多二级支行在日常的经营管理过程中，都是被动执行上级下达的任务和营销方案，为做而做的现象突出，并未形成一套基于二级支行实际情况的经营管理体系与差异化思路。为协助基层团队管理者做好二级支行零售财富团队的有效管理，改变粗放式的经营管理模式，本书以 PDCA 方法论为基础，系统总结二级支行网点层面财富管理标准化内容与执行标准。

第一节　｜　支行 PDCA 经营管理模型概述

二级支行网点 PDCA 经营管理模型是行业实践根据质量管理戴明环管理理论所延伸出来的应用方法。主要从以下四个维度建立二级支行网点经营管理体系，即二级支行经营目标管理、过程管理、管理检视与绩效辅导，如图 8-1 所示。

一是目标管理。内容聚焦在以业务目标为导向，对二级支行网点进行全方位现状分析，清晰二级支行自身各项资源情况、经营问题，做好有效分解目标、制定目标达成路径、精准匹配资源。目标管理模块最重要的内容是如何将目标分解至达成路径的具体渠道，一般来说从渠道贡献度来看，分为三个方面，即存量贡献 70%、增量贡献 30%、厅堂贡献 10%。

二是过程管理。内容聚焦在会议管理（晨会、夕会与月 / 周例会）、沙龙管理（获客型沙龙、生转熟沙龙、产能类沙龙）、产品推动与主题赋能培训四个维度。过程管理模块最重要的内容是所有管理的行为聚焦的方向是岗位基础行为与目标达成的渠道经营落地执行情况，包含客户经理团队销售力（如活水资金经营承接率与提升率是否达标，临界向上输送率是否达标）、大堂团队转化力（如厅堂 1 户 N 开 +KYC 问卷是否到位）和市场团队外拓力（如公私与资负联动目标客户跟进是否及时，客户转化率是否达标）。

三是管理检视。内容聚焦在发现营销过程中存在的问题，对营销岗位人员的营销结果和营销过程（量与质）进行具体查验。管理检视模块最重要的内容是围绕不同营销岗位关键行为所执行的量与质进行检视与纠偏。

四是绩效辅导。内容聚焦在如何通过以营销岗位员工工作数据为基础，对营销岗位员工工作现状做分析，在绩效面谈中通过意见沟通，消除认知差异，达到赋能与提升效率的目的。绩效辅导模块最重要的内容是围绕不同类型的员工工作数据，根据行为与结果矩阵开展辅导，通常分为四种类型，即结果好过程好（贡献型）、结果好过程差（自我型）、结果差过程好（培养型）、结果差过程差（堕落型），以此推动员工个人与组织效率的提升。

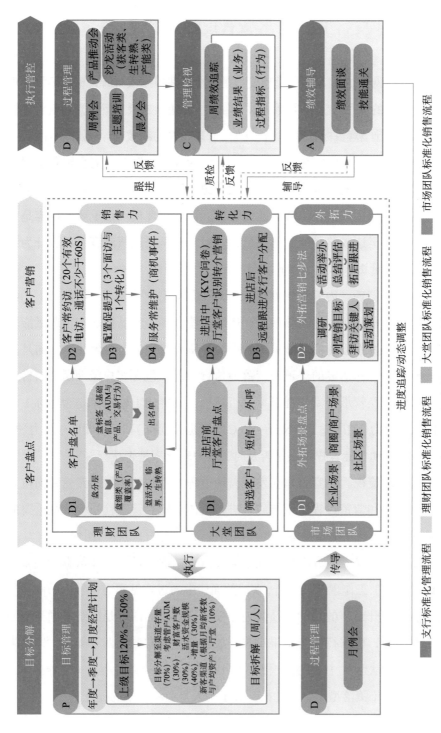

图 8-1　二级支行 PDCA 经营管理模型

第二节 | 作战规划之一行（点）一策

二级支行网点因其所处的地理位置、发展阶段、岗位人力配置等因素不同，经营管理模式也不尽相同。因此，在标准化 PDCA 经营管理模式基础上，围绕年度、季度和月度经营目标，需要采用差异化经营路径。

一点一策制定思路要坚持以终为始的思维，以二级支行网点财富业务指标达成为出发点，围绕经营端和管理端，从指标、客户、产品、团队与营销五个方面出发进行构建。从总体上来说，经营端是围绕客户、产品和营销三个方面进行的，即：网点主流客户如何定位，定位后如何选择优势产品与服务去满足客户需求；营销旨在发现和激发客户的金融需求和非金融需求，并让客户相信银行的产品和服务组合可以满足他们的需求，最后引导客户做出相应的综合金融服务决策，持有相关的产品和服务。管理端是围绕团队来进行的，团队是营销过程中的执行者，是连接客户和产品的纽带，团队的能力和动力是决定营销过程执行到位和营销结果能够实现的关键要素。

作为二级支行网点负责人，必须对网点的收入与利润构成有具体的理解，同时更要明确网点财富业务的核心指标，即财富级以上客户数、AUM 规模、存款规模和中间业务收入。而随着利率的进一步走低，客户为了实现资产保值增值的需求，追求去储蓄化后的综合配置是一种趋势，但实践后发现，存款与中收之间就是"此消彼长"的关系，存款与中间业务收入是否有可能"双增长"？这个问题，也是令很多二级支行网点负责人经常头疼的问题。我们一起思考一下，假设网点财富业务管理的资产总量是不变的，那么很显然，这个问题是无解的，因为如果把总资产比作一个池子里的水，中间业务收入增加就会势必导致存款减少，存款增加就会导致中间业务收入下降。其实存款和中间业务收入也可以不矛盾，关键是看资金从哪里来。从实践的经验来看，一个低效睡眠客户或新增客户，将外行的资金转到我行时，基本上都是存款与中间业务收入同时增加的，毕竟客户不会将资金转过来后就立刻购买产品或者全部购买产品，中间还有一个信任感培养的过程，这样一来就会有部分储蓄沉淀下来。在客户的资产结构中，未来的储蓄存款将是客户在各种银行理财产品间进行切换时短期过渡所带来的，比如客户的理财到期后，下一期的产品还未接续上，这个阶段的资金会以储蓄存款的形式存在。与此同时，也不用过度悲观，你仍旧能够找到喜欢做储蓄的市场和客户，比如县域市场、中老年客户，这些仍是储蓄存款增加的主要来源。

作战规划是二级支行财富业务经营的指向灯，二级支行需结合上级行下达的年度、季度和月度经营目标进行科学、合理的目标分解，在目标分解的基础上，对支行现有资源进行细致、有效的资源盘点，依据精准的资源盘点，制定明确的达成路径，在达成路径实施过程中建立系统化管控检视标准。

一行（点）一策是围绕经营目标达成而制定的经营策略，并依据策略制定实施方案和管控措施。具体而言，是指二级支行网点基于内部经营现状（客户、团队）、周边客群资源（潜在客户资源）、同业竞争分析，确定二级支行网点所服务的重点客群（按照分层和分群类进行分类），制定相应的经营策略和行动计划，对客户进行持续经营（存量客户提升和增量客户批量获取）。一行（点）一策具体包含三大步骤：目标制定、达成路径和追踪体系，如图 8-2 所示。

图 8-2　一行（点）一策步骤

一、目标制定

目标制定的同时，二级支行需将目标分解至客户、行为、时间段、岗位。从总体上来说，目标制定需要遵循三个基本原则：一是定二级支行财富业务目标时，需要根据上级行（总行、一分、二分）下达的目标，选择最高数作为参考基准值，即"孰高原则"，并依据基准值的 1.2 ～ 1.5 倍设定二级支行目标；二是指标达成过程中，需要根据季度节奏安排，确定全年不同季度下的重点指标达成的关键时点；三是差异化分解，需要结合客户经理能力、管户数、过往业绩等因素进行客户经理个人目标拆解，以确保目标分解的科学性和合理性，如图 8-3 所示。

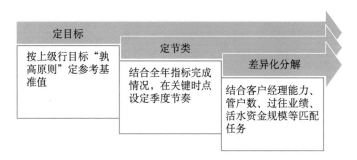

图 8-3　目标制定需要遵循的三个基本原则

二级支行的业务发展节奏受到三个维度因素的影响：一是上级分行大的业务节奏，二是二级支行自身资源约束，三是外部宏观政策与市场环境。因此，二级支行在定自身业务发展节奏时需要综合考虑以上三个维度因素的影响。表 8-1 是行业实践基础上的指标达成节奏的"基础心法"和"进阶心法"。

表 8-1　指标达成节奏的"基础心法"和"进阶心法"

指标达成节奏"基础心法"	指标达成节奏"进阶心法"
（1）存款年日均指标在一季度达成全年任务的 60%～80%； （2）AUM 开门红达成 40%～60%； （3）银保一季度完成全年任务的 60%； （4）复杂中收和客户类指标每月坚持做，KPI 考核每月盯	（1）结合上级分行的大节奏，设定二级支行业务目标达成节奏； （2）有所取舍，根据 KPI 完成的难易程度与可行性，确定目标达成的优先级别和资源分配比重； （3）根据上级行投研观点和市场政策，预判未来市场趋势，规划特定指标达成节奏

二级支行网点将目标分解至客户经理个人时，需要充分考虑客户经理管户数、AUM 规模、活水资金规模、过往季度业绩等因素，在综合考虑后进行科学合理的目标分解，以确保目标的可达成性。表 8-1 是客户经理目标制定

表参考示例。

表 8-2　客户经理目标制定表

客户经理名称	指标	规模			中收					客户					监控指标
		AUM	存款	非存AUM	非银保中收	理财	公募	私募	银保中收	财富	钻石	私行	资配覆盖率	资配达标率	
	月度目标														
客户经理1	当前达成														
	缺口														
	周目标														
	月度目标														
客户经理2	当前达成														
	缺口														
	周目标														

表头：客户经理个人目标制定；左侧纵列：ＸＸ二级支行

二、达成路径

二级支行需要根据制定的目标，盘点三类资源，即客户盘点、团队能力盘点、获客渠道资源盘点，再结合资源盘点情况，制定目标达成路径和措施。

客户盘点包含基础盘点和条线联动客户盘点两个部分。从客户盘点角度来看，通过数据分析，重点观察团队每位客户经理管户客户数、资产结构、产品持仓情况、活水资金情况，清楚了解目前客户经理管户客户情况。从条线联动客户盘点来看，需要对公私联动董监高名单、资负联动优质个贷名单、人脉渠道资源进行"沙盘化"名单梳理，并依据现有跟进进度与客户 KYC、资金情况进行产能转化预测。客户资源盘点结束后，需要进行当月指标预测。一般来说，每类指标的潜在目标客户与转化量需要按照指标的 2 ～ 3 倍进行储备，以确保指标有效达成。

以下是关于业绩指标达成路径预测逻辑的基本参照方法的两个示例。表 8-3 是财富客户数净增长数月指标预测示范表，表 8-4 是保险产能指标预测表。

表 8-3　资源盘点基础上的财富客户净增长数月指标预测示范表

指标	重点客户产出	预测逻辑
财富客户净增	（1）重点商机：临界、潜力商机、流失预警等； （2）重点目标客户：历史峰值大客、MGM、渠道潜客、内部条线联动名单等	依据过往各类目标客户的转化率进行预测：转化率 = 客户经理接收名单数量 × 名单执行数 × 客户联系率 × 正面回应率 × 转化率，二级支行做盘点时，需要以目标为基数，储备预测转化客户数达到目标 2 倍以上。目标客户转化预测的逻辑如下图： 客户触达率=触达数量/客户总量 =70/100=70%　　正面回应率=正面回应数量/客户联系数量 =50/70=71.4%　　购买成功率=真正购买产品总数/客户联系数量 =10/70=14.3%

表 8-4　资源盘点基础上的保险产能指标预测示范表

指标	目标客户	客户画像	预测逻辑	过程管控
月保费规模	普通客户	（1）年龄：30～60周岁； （2）余额：活期余额或 T+0 产品 5 万元以上； （3）AUM 值：20 万元及以上； （4）有理财习惯客户（定期或理财等）； （5）到期客户（存款、理财到期）； （6）基金盈利的客户； （7）买过保险的客户（期缴或趸交均可） （要求：（1）（2）（3）条件必须全部满足，（4）（5）（6）（7）条件满足 1 个以上即可）	依据过往客户经理保险客户面谈营销转化率、保单件均规模进行预测：保费规模＝目标客户数（AUM）×转化率×件均保费	客户经理每天不低于 10 个电话、邀约面谈客户不少于 3 个，每天成功面谈 1 张意向保单，每天提交 1 通销售录音
	高净值客户	（1）AUM 值：1000 万元及以上； （2）客户对婚姻资产保全、财产传承设计、家企风险隔离、节税设计规划、国际身份安排等话题之一感兴趣 （要求：（1）条件满足，（2）条件中满足 1 个以上感兴趣主题即可） **高净值客户财法税风险检视表** | 序号	目录	感兴趣话题（请打"√"）
---	---	---
	一、共同富裕时代下的资产配置	
1	投资、短期、中期、长期金融产品分析	
2	降息背景下资产配置建议	
3	资管新规新政对理财产品的重大影响	
	二、婚姻资产保全	
4	婚前企业股权保全策略	
5	个人金融婚后混同风险防范	
6	婚姻财产归属解析	
7	弱势群体婚变风险防范	
	三、财产传承设计	
8	子女败家风险分析及防范	
9	子女婚姻风险分析及防范	
10	多子女继承纠纷风险分析及防范	
11	股权、不动产、金融资产传承优劣势分析	
12	生前赠予和身后继承优劣势分析	
	四、家企风险隔离	
13	企业家常见家企风险及防范	
14	设立个人独资企业的风险	
15	对公账户和对私账户混同的风险	
16	资产代持风险及防范	
17	如何预防夫妻一方转移股权财产	
18	如何利用金融工具隔离企业经营风险	
	五、节税设计规划	
19	国内企业税务规划	
20	公司转个人税务规划	
21	房产税及遗产税规划	
	六、国际身份安排	
22	全家移民好还是部分家人移民好	
23	美国所得税、赠予税、遗产税介绍	
24	外汇管制下的资金出境途径	
25	如何利用金融工具做好节税规划			依据过往投顾、专业法税顾问陪访客户成功率、保单件均规模进行预测：保费规模＝目标客户数（AUM）×陪访成功率×件均保费	投顾或专业法税顾问每周陪访不少于 2 位高净值客户，支行每月组织不少于 2 场高客投教沙龙

表 8-5 是高净值客户财税风险检视表。

表 8-5　高净值客户财法税风险检视表

序号	目录	感兴趣话题（请打"√"）
一、共同富裕时代下的资产配置		
1	投资、短期、中期、长期金融产品分析	
2	降息背景下资产配置建议	
3	资管新规新政对理财产品的重大影响	
二、婚姻资产保全		
4	婚前企业股权保全策略	
5	个人金融婚后混同风险防范	
6	婚姻财产归属解析	
7	弱势群体婚变风险防范	
三、财产传承设计		
8	子女败家风险分析及防范	
9	子女婚姻风险分析及防范	
10	多子女继承纠纷风险分析及防范	
11	股权、不动产、金融资产传承优劣势分析	
12	生前赠予和身后继承优劣势分析	
四、家企风险隔离		
13	企业家常见家企风险及防范	
14	设立个人独资企业的风险	
15	对公账户和对私账户混同的风险	
16	资产代持风险及防范	
17	如何预防夫妻一方转移股权财产	
18	如何利用金融工具隔离企业经营风险	

序号	目录	感兴趣话题（请打"√"）
五、节税设计规划		
19	国内企业税务规划	
20	公司转给个人税务规划	
21	房产税及遗产税规划	
六、国际身份安排		
22	全家移民好还是部分家人移民好	
23	美国所得税、赠予税、遗产税介绍	
24	外汇管制下的资金出境途径	
25	如何利用金融工具做好节税规划	

在二级支行实际管理过程中，二级支行网点负责人还需运用表 8-6 所示的员工能力评估表，基于团队员工个人能力进行综合性评估，根据每位员工表现形成团队评价，在评估后，进行资源分配调整，如管户、渠道对接等。

表 8-6　员工能力评估表

姓　　名	岗　　位	评　分　人	得　分	备　注
能力	分值	员工能力的行业描述		
专业能力	30 分	能够根据客户的风险收益目标进行专业化资产配置（10 分）		
		能够提供现金管理类、固定收益类、保险保障类、权益投资类和另类投资类各方面需求的综合解决方案（10 分）		
		能够满足客户保值增值、企业经营、跨境服务等的综合需求（10 分）		
工作态度	30 分	激情投入，充满乐观向上的情绪，有感染力（10 分）		
		不需要别人催促和提醒就能按时完成、高效（10 分）		
		乐于接受挑战，工作主动，有预见性（10 分）		

续表

姓　　名	岗　　位	评　分　人	得　分	备　注
从业资格	10 分	从业年限久、有 AFP 或 CFP 等相关从业资格证		
过往业绩	10 分	近一年的 KPI 情况，近一年相关竞赛表现情况		
他人评价	20 分	对接支行行长和部门内部同事、客户等对其的满意度，具有良好的协作能力		
合计	100 分			

三、追踪体系

管控体系是确保目标达成路径在实施过程中不出偏差的管理手段，二级支行在日常管理中需要通过管控动作的实施来进行纠偏与调整。从目前行业的现状来看，众多银行为了达成业务目标，几乎天天通报业务结果数据，并在管理微信群内进行通报与督导，这种高频的信息反馈与管控模式让一线人员不胜其烦。

关于追踪体系，建议重塑信息反馈机制，构建日、周、月追踪体系，即日关注过程行为指标，周关注客户类指标和时序达成进度，月关注规模类和重点产品销量指标并进行月度复盘。每日之所以关注过程行为指标是因为众多的业务结果数据可能难以在每日体现，但只要营销岗位的关键行为量执行到位，业绩结果则可以预见；周关注客户类指标和时序达成进度是因为客户类指标的变化必然会带动 AUM、中收等指标的变化，因为客户数指标是财富业务先导指标，周业务序时达成进度主要是为了清晰地了解当周完成月度指标的进度情况，以便根据实际情况确定是否需要调整发展节奏与规划；月关注规模类和重点产品销量指标是因为基本上考核都以月为单位，各项核心指标月度达成率是衡量工作成果的唯一标准，同时也是月度经营分析会的核心内容之一。表 8-7 是日、周、月管控体系的示例表。

表 8-7　日、周、月管控体系示例表

序号	客户经理姓名	管户客户数/AUM	一、过程行为					二、客户类指标				三、规模类指标		四、财富重点产品销量/万元			
			有效电访客户数	主动约访数	随机到访数	面访客户数	销售成功客户数	私行客户数净增	钻石客户数净增	财富客户数净增	资配达标率客户数净增	AUM净增	存款净增	理财	保险	基金	重点产品（如信托）
1																	
2																	
3																	
4																	
5																	
6																	
7																	
8																	
9																	
10																	
11																	
12																	
13																	
14																	
15																	
...																	

月度复盘和经营分析会的目的是找到落后指标，为下一步的"弱项优化策略"找到方向。二级支行在进行月度复盘时应重点关注如下方面：一是数据准备，月度分析应重点关注上级行发布的各项通报，包括但不限于二级支行月度

KPI、季度／月度竞赛通报、重点产品销售通报、各项过程指标通报。二是结果指标的复盘，与目标比，看达成进度；与同类比，看小组排名；与过去比，看能力提升；与预测比，看掌控力。通过上述对比分析，找到落后的结果指标。举例来说，某项指标虽然达成率为 100%，但是该项指标在小组内排最后一名且认可该项指标的制定合理性，则该项指标就应列为"落后指标"。三是过程指标的复盘，主要基于数据看过程指标的执行情况与既定月度策略的差距，通过差距来找出落后的过程指标。举例来说，当月每人每日面访量为 2 个，但既定策略安排的是每人每日面访量为 3 个，则该项过程指标应被列为"落后指标"。

基于上述月度目标复盘找到的落后指标，可利用如下公式对落后指标进行弱项分析：达成路径差距 + 动作执行差距 + 目标合理性差距 = 目标缺口（目标缺口 = 任务目标 - 实际达成）。

利用以上公式找到弱项产生的原因后，再对每项原因提出解决方案。表 8-8 案例对客户类指标的落后原因分析和解决方案进行了详细展示，其他弱项指标的分析和解决方案的制定可参照此表进行。

表 8-8　客户类指标落后原因分析与解决方案

任务目标 - 实际达成 = 目标缺口	达成路径差距	动作执行差距	目标合理性差距
分析原因	（1）达成路径资源储备不足，如未拓展外部获客渠道； （2）达成路径质量不足，如个贷条线输送客户严重不足； （3）激励方案不合理	（1）能力不足，如营销技巧缺失； （2）活动量不足，如电访量、面访量不够； （3）效率不高，如事务性工作时间占比太高	制定目标方法不合理，如"鞭打快牛"
解决方案	（1）规划新的达成路径，如向外开发拓客渠道； （2）设计准入标准，如个贷客户转介标准化； （3）优化下阶段激励方案，如调研一线反馈，优化下阶段激励方案	（1）给员工树立愿景，制订学习计划； （2）制订行动方案，提高活动量追踪频率； （3）辅助梳理工作流程，提升客户经营时间与效率	合理调整下阶段目标，设置目标分解参考因子，避免在设置目标时"鞭打快牛"

第三节 | 岗位关键行为管理

岗位行为管理聚焦于营销岗位活动量管理，基于二级支行 PDCA 经营管理模型，聚焦客户经理团队营销力、大堂团队转化力和市场团队外拓力进行展开。从行业实践来看，目前营销岗位活动量管理存在以下四个方面的常见困惑：一是活动量效果追踪未形成标准化流程，实际执行动作存在疏漏；二是电访、面访、走访（拜访）实际执行效果与目标之间的差距难以量化；三是活动量执行人员水平、技能参差不齐，未进行差异化管理和辅导；四是需重点辅导有关人员，辅导方式、频率及标准不清晰。

一、岗位活动量管理标准要求

开展营销岗位活动量管理的基础是定义客户经理团队、大堂团队、市场团队三个团队的活动量要求，不同类型的银行有差异性。表 8-9 是三个团队的活动量要求，仅供实践参考。

表 8-9　三个团队的活动量要求

岗位系列	活动量要求	重点提示
客户经理团队（营销力）	（1）电访、面访与转化：20 通电访、3 个客户面访、1 个转化； （2）资配建议书覆盖率：财富级以上客户年度资配建议书覆盖率 70%	客户经理的电访、面访活动量不是为了做而做，其本质是根据月度目标计划，结合客户盘点，对特定商机事件（如活水资金客户、临界客户、大额进出资金客户、生转熟客户等）和客户名单进行精准营销
大堂团队（转化力）	（1）厅堂客户识别与 KYC 问卷：新开卡客户 100% 做 KYC 问卷，存量到访客户识别率 10%（识别数 = 每日叫号数 ×10%）； （2）网点厅堂微沙（按需开展）：厅堂等候人数超过 10 人即开展； （3）长尾客户经营（如大堂团队需管户）：10 通电访、2 个客户面访转介	大堂团队包括大堂经理和柜面团队：大堂经理团队聚焦厅堂客户 KYC 问卷和厅堂微沙开展，柜面团队聚焦到访客户识别转介率。特别说明的是有些银行会要求大堂团队对长尾客户进行管户，则需要有电访与面访转介的要求

续表

岗位系列	活动量要求	重点提示
市场团队（外拓力）	（1）渠道批量外拓营销：每周不少于2次外拓营销日； （2）内部渠道高客协同营销：每周支撑客户经理协同面访1位潜力财富级以上的客户	市场团队的工作核心是开发渠道批量客户，如企业代发、批发市场营销、商圈场景活动等，同时兼顾对内部渠道联动识别的财富级以上潜力客户，协同客户经理进行开拓

二、活动量管理与检核标准

活动量管理与检核的工作核心是围绕"量、质、利"三个维度进行衡量，即量（效率：把事做对）、质（效益：做对的事）、利（效果：持续增长）。以下是围绕电访、面访、厅堂识别转介、外拓走访或拜访活动量设置的检核标准。

1. 电访检核标准（见表 8-10）

表 8-10　电访核检标准

内　容	说　明
量	（1）电访必保量：20 个以上 / 日； （2）有效电访名单逻辑：活动量 = 目标客户 / 成交率 / 客均产能
质	质达标：有效电访 40 秒以上 / 通；优质电访：3 分钟以上 / 通（参考电访检视表），需抽听低绩效人员（低产能或活动量低于进度），且对其立即进行辅导改进电访质量
利	利达标：达成当日业绩目标且完成电访日目标，复盘每日产能不达标人员且进行夕会后二次辅导

2. 面访检核标准（见表 8-11）

表 8-11　面访核检标准

内　容	说　明
量	（1）面访必保量：3+ 人 / 日； （2）有效面访名单逻辑：面访名单准备量 = 目标客户 / 面访成交率 / 面访客均产能

续表

内 容	说 明
质	（1）质达标：审核面访记录表要素，KYC 表完成率大于 60%； （2）有效性：达到至少 1 个面访目的，即实现客户转化提升； （3）面访服务目标：以服务为目的，通过服务，提升客户体验感，进一步对客户有效 KYC 进行了解； （4）面访营销目标：以营销为目的，面访结束时完成营销动作且有产能
利	利达标：面访产能日目标达成，复盘每日面访必保量，对不达标人员需进行面访辅导

3.厅堂识别转介检核标准（见表 8-12）

表 8-12　厅堂识别转介检核标准

内 容	说 明
量	识别转介必保量：新开卡客户 100% 覆盖 KYC 问卷，识别转介数达到叫号数 ×10%
质	质达标：KYC 问卷填写率 100%、识别转介客户有某一大类配置需求（如保障类、投资类）
利	利达标：识别转介量日目标达成，复盘每日识别转介必保量，对不达标人员需进行辅导

4.外拓走访 / 拜访检核标准（见表 8-13）

表 8-13　外拓走访 / 拜访检核标准

内 容	说 明
量	（1）外拓频率：2 天外拓营销日 / 周，每日不少于 4 个小时 （2）协同营销：1 位潜力财富级以上客户
质	质达标：潜力财富级以上 KYC 信息到位（客户主办银行，管理 AUM 与持有产品数量、类型）
利	利达标：外拓营销与协同营销周目标达成，复盘每周外拓与协同营销工作量，对不达标人员需进行渠道资源盘点与周经营计划制订辅导

三、活动量管理辅导流程与技巧

管理者需要根据客户经理团队、大堂团队、市场团队三支团队的活动量执行检视情况开展针对性的辅导，以下是电访、面访辅导步骤与动作说明。

1. 电访辅导步骤

电访类型不同，其目标也不同，一般来说可以分为三种类型：一是服务电话，以服务为目的，电话结束时，客户满意度得到提升；二是约访电话，坚持约见客户且成功确定约见时间（电话中不提产品）；三是营销电话，以营销为目的，电话结束时明确客户购买意向。表 8-14 是电访辅导流程与步骤。

表 8-14　电访辅导流程与步骤

执 行 步 骤		动 作 说 明
步骤 1	开场寒暄	肯定员工的优点与进步点 话术逻辑参考：感谢员工参加辅导，提出员工近期进步点，邀请员工一起复盘电访以取得更大突破
步骤 2	听录音	打开电访录音，共同复盘录音
步骤 3	找原因	引发员工自我思考、自我点评互动 问题话术参考：你打这通电话的目的是什么？达到了吗？你觉得还有哪些可以提升的点？
步骤 4	给建议	结合电访检视表，按步骤给出改善建议
步骤 5	再练习	二次演练点评，现场选定一个目标客户，进行一对一演练
步骤 6	重实战	现场电访实战：现场选定一个目标客户，进行现场实战（例如现场销售结构性存款或长期存款）
步骤 7	给作业	布置改进工作（需要具象化） 结合员工自发思考，提出改进点，并制订详细电话质量提升计划
步骤 8	定规划	规划第二天电访提升目标和计划，使用电话记录（跟进）表
步骤 9	善激励	鼓励进步：再次认可员工优势（具象化：做得好的地方），强调提升后可获得的激励

2. 面访辅导步骤

面访以产品销售和资产提升为主要目的，面访后应明确客户购买意向。

第四节 | 绩效辅导与团队管理

一、绩效辅导

绩效辅导，即通过使用销售漏斗，针对辅导对象进行活动量分析，生成行为与结果矩阵，并开展不同方式的辅导。在辅导前，应充分准备 GROW 的问题，并针对二级支行网点负责人、客户经理进行一对一的沟通和辅导。

1. 行为与结果矩阵解析

根据行为与结果矩阵，可将员工分为四种类型，即结果好过程好（贡献型）、结果好过程差（自我型）、结果差过程好（培养型）、结果差过程差（堕落型），如表 8-15 所示。

表 8-15　行为与结果矩阵解析表

行为与结果体系	辅导方式	辅导要点	操作重点
结果差过程好	师徒式辅导	对员工进行传帮带式辅导，重点提升员工的工作能力和专业知识，教会方法，补齐短板，达成目标	通过询问，找到能力欠缺的模块，给他安排一个带教老师，让其跟随学习
结果差过程差	培养/待定辅导	对员工进行传帮带式辅导，判定是需要继续培养还是待定，及时和行领导反馈	给他一些危机感，看看他的反应，逐步培养或直接待定
结果好过程差	引导式辅导	对员工给予教练式互动，逐步挖掘员工的主观能动性，激发其投入工作的动力和激情，使其逐步实现自我成长和目标达成	激发员工的主观能动性，让他愿意干，从信心、动机、承诺三个方向逐步引导
结果好过程好	授权式辅导	给予员工下放权力，为其营造适当的发挥空间，充分展现其工作能力，树立标杆鼓励其实现更高的绩效目标	树立标杆，主动放权给他，盯着其他客户经理，使其起到模范带头作用，营造氛围

2. 绩效辅导面谈流程

绩效面谈辅导流程分为四个步骤，即说明面谈目的、谈工作业绩、谈行为表现、制订提升计划，如表 8-16 所示。

表 8-16 绩效面谈辅导流程

步　　骤	重 点 内 容
说明面谈目的	告知员工本次做面谈的目的是共同检视近期工作情况，是与员工共同检视与讨论，并不是命其检讨
谈工作业绩	进行绩效考核结果沟通
谈行为表现	（1）采用"三明治"式沟通方法； （2）认可与表扬：表扬要对事不对人、要具体，不要无原则表扬； （3）指出不足之处：有事实依据，直截了当表明看法，不要争论； （4）表达期望和信任：期望要具体
制订提升计划	提供相关的知识、技能支持，协助消除困扰及干扰项

3. GROW 问题准备

为了提高面谈辅导效果，需在 GROW 辅导之前，准备 GROW 的问题。本部分仅针对二级支行网点负责人和客户经理辅导提出 GROW 问题。

（1）辅导二级支行网点负责人，进行 GROW 问题准备。提前了解二级支行整体业绩情况，对团队整体氛围、打法、目前主要业务考核指标和重点产品提前了解，并针对数据进行全面分析，建议每次重点辅导一两个问题，辅导后追踪反馈，如表 8-17 所示。

（2）辅导客户经理 GROW 问题准备。根据过程和结果进行区分，针对 4 个类别进行不同的问题准备，从目标出发，以结果为导向，辅导时需注意语气用词和沟通方式，如表 8-18 所示。

表 8-17　辅导二级支行网点负责人 GROW 问题准备

二级支行网点负责人	辅导前问题准备
沟通、交互、辅导	1. 全面数据准备 感谢您过往的支持，最新数据显示，目前支行的绩效考评、竞赛主要亮点及失分点是……在业务上或管理上我们交互一下？ 2. 二级支行网点负责人的预期 （1）目前策略以……为主，从考核维度来说不占优势，要不要调整一下更加均衡？需要我帮您做点什么？ （2）针对当前重点产品的推动，您期望达到什么目标？我能帮您做点什么？ 3. 二级支行的异议：目前推不动重点产品的问题出在哪？是外因还是内因？ 4. 优秀案例分享：某二级支行运用 ×× 工具，针对 ×× 客群进行沙龙或电访，效果很好，我们要不要尝试一下？ 5. 辅导后追踪：经过上次我们的沟通，您觉得效果如何？

表 8-18　辅导客户经理 GROW 问题准备

客 户 经 理	辅导前问题准备
过程好结果好 （授权式）	● 偏科 近段时间观察到，您的专业性很强，客户覆盖率也高，但我注意到销售方向更偏保障类，想跟您探讨一下未来更加全面的销售方式。 ● 树标杆 & 权力下放 最近销量任务完成得不错，在总行、分行的排名都处于领先，想邀请您给大家辅导一下您的电访、面访经验？以后行内优秀的电访录音，也想邀请您来评选。 ● 鼓励 近半年您各方面的业务指标都超前，有没有想过走管理或者专业路线？
过程差结果好 （引导式）	● 动机 近期您的业绩指标有所下滑，是您对产品了解不够，还是觉得不赚钱不愿意开口？ ● 信心 从数据显示，基金销量在下滑，是市场调整导致您的信心不够吗？ ● 对比 与您同期入职的 ×× 经理最近出了个大单，但我觉得您对客户的把握和专业性更胜一筹，要不要盘盘客户，出个更大的单？

续表

客 户 经 理	辅导前问题准备
过程好结果差 （师徒式）	● 传帮带 您才转岗不久，但是看到您的电访最高，非常不错，我们行内有个优秀大咖给您介绍一下，安排他做您师傅带一带您，如何？ ● 做示范 今天主要想给您做个电访的示范，请带好笔和本，我们一起联系几个客户我给您示范一下。 ● 找短板 从各项指标达成率看，在投资类上相对薄弱，我们探讨一下怎么提高投资类业务能力。
过程差结果差 （培养式）	● 培养 当下考核您的表现有些落后，分行决定再给您 3 个月考核期，您一定要抓住机会，不然 3 个月以后我想说好话也说不了。 ● 放弃 经过这段时间观察，辅导后没有任何起色。

4. GROW 模型下的面谈辅导技巧

GROW 模型主要围绕目标而设定，了解现状，分析原因，提供资源支持，达成行动方案。

（1）二级支行网点负责人 GROW 辅导技巧与话术示例，如表 8-19 所示。

表 8-19　二级支行网点负责人 GROW 辅导技巧与话术示例

GROW Questions		示　　例
goal（目标设定）	（1）您的目标是什么？ （2）这次对谈您想要达成的结果是什么？ （3）会不会有任何挑战或机会？ （4）该如何确认您是否达成目标？	我今天来跟您沟通的最主要目的有： （1）谢谢您在过去这段时间……我观察到您的积极用心…… （2）这两个月来……我发现支行在（工作绩效、人员变动、工作态度）……，想借由我今天的沟通，向您请教和探讨未来的改进方式……

续表

GROW Questions		示　例
reality（现况分析）	（1）目前的状况是什么？ （2）是否缺少了哪些东西？ （3）有没有什么障碍？	（1）我通过（季度综合考评）等数据分析…… （2）出现这种状况，您觉得可能的原因是什么？ （3）除了这个原因，您觉得还有哪些可能的原因？ （4）根据刚才的分析，我会尽力解决我能解决的问题，对其他情况我会记录下来向领导反馈，如果解决了这些问题，您觉得支行还有其他问题吗？
options（可能方案）	（1）目前有哪些可能方案？ （2）每个选项的优点和缺点是什么？ （3）您应该考虑的因素是？ （4）除此之外，还有其他可用的方案吗？	我能够体会到您的心情……我了解您刚才所说： （1）"那您认为我应该做些什么，可以协助支行解决这个问题？" （2）"您认为用什么方法可以避免这种事情重复发生？"您觉得这些方法的优缺点是什么？如果这个方法不可行，咱们还有其他的方法？
will（确认行动）	（1）选定哪一个方案？ （2）下一步您要做什么？ （3）您需要什么协助？ （4）您会如何衡量是否有进步？ （5）您会采取什么行动来克服障碍？	（1）您说的是一个非常好的方法，所以接下来我会…… （2）有没有什么地方需要我特别关注的？ （3）有需要帮忙的地方您随时联系我好吗？ （4）我相信在您的领导下，只要大家做了……支行一定可以顺利地解决问题……您觉得这样可以吗？

（2）客户经理 GROW 辅导技巧与话术示例（见表 8-20）。

表 8-20　客户经理 GROW 辅导技巧与话术示例

GROW Questions		参　考　说　辞
goal（目标设定）	（1）您的目标是什么？ （2）这次对谈您想要达成的结果是什么？ （3）会不会有任何挑战或机会？ （4）该如何确认您是否达成目标？	我今天跟您沟通的最主要目的有： （1）谢谢您在过去这段时间……我观察到您的积极和用心…… （2）这两个月来……我发现您在（AUM 增长、产品销售、工作态度……），想借由今天的沟通，让我们未来在各个绩效考核环节有更好的进步……

续表

GROW Questions		参 考 说 辞
reality（现况分析）	（1）目前的状况是什么？ （2）是否缺少哪些东西？ （3）有没有障碍？	（1）我通过（月度综合考评）等数据分析……发现这种状况，您觉得可能的原因是什么？ （2）除了这个原因，您觉得还有哪些可能的原因？ （3）根据您刚才的分析，我会尽力去解决我能解决的问题，对其他情况我会记录下来向领导反馈，如果解决了这些问题，您觉得您在绩效提升方面还有其他问题吗？
options（可能方案）	（1）目前有哪些可能的方案？ （2）每个选项的优点和缺点各是什么？ （3）您应该考虑哪些因素？ （4）除此之外，您还有其他可用的方案吗？	（1）我能够体会到您的心情…… （2）我了解您刚才所说的…… ① 您觉得我应该做些什么，可以协助您解决这个问题？ ② 您认为用什么方法可以避免这种事情重复发生？ （3）您觉得这些方法的优缺点各是什么？ （4）如果这个方法不可行，您还有其他的方法吗？
will（确认行动）	（1）选定哪一个方案？ （2）下一步您要做什么？ （3）您需要什么协助？ （4）您会如何衡量是否有进步？ （5）您会采取什么行动来克服障碍？	（1）您提出了一个非常好的方法，所以接下来我会…… （2）还有没有什么地方需要我特别关注？ （3）有需要帮忙的地方，您随时联系我，好吗？ （4）我相信，只要按照今天沟通的内容做……一定可以顺利地解决问题……您觉得这样可以吗？

　　GROW 模型向管理者与客户经理提供沟通的参考技巧，在应用中，可根据实际工作进行话术调整，如表 8-21 所示。

表 8-21 GROW 模型话术调整

示例 1	G —这次，对该产品，您的目标销量是多少呢？ R —我通过之前的数据关注到您近期的基金配置比例相对比较低，但保险配置占比则比较高，您觉得是什么原因造成的呢？ O —我了解您刚才说的内容，那您觉得我应该做些什么可以帮到您呢？支行之前已经下发了重点产品的资料和开口话术，您理解了吗？ W —接下来您打算怎么做呢？有需要帮忙的地方可随时联系我，我相信，只要理解产品要素，认可当前市场点位，主动跟客户开口，就一定可以在基金产品配置上取得很大提升，您觉得呢？
示例 2	G —本月考核，您的目标是到达什么水平呢？ R —通过之前的数据统计情况，我发现您的管资增加比较多，但资产配置率相对较低，您觉得是什么原因呢？ O —我了解您刚才说的内容，那您觉得我应该做些什么可以帮到您呢？支行之前已经串讲了大类资产配置策略，您理解吗？ W —接下来您打算怎么做呢？有需要帮忙的地方可随时联系我，我相信，只要理解了资产配置的逻辑并多跟客户去讲，就一定可以顺利提升资产配置率，您觉得呢？

二、团队管理

团队管理和文化建设是凝聚团队力量、提高成员归属感的良好抓手。当下二级支行网点各岗位成员的主观意识越来越强、年龄跨度越来越大、管理团队呈年轻化、日常工作压力大，应通过建立荣誉体系制度、加强员工归属感建设、营造团队氛围、打造多元文化平台等方式激励员工士气，打造一个有温度、凝聚力、归属感的团队。以上是团队管理的核心内容，如图 8-4 所示。

1. 建立荣誉体系制度

荣誉体系是二级支行网点团队文化的一部分。做好荣誉体系的建设，肯定员工的价值，让他们知道自己被团队需要，不仅能够激发员工的工作积极性，还可以为员工搭建一个供其成长和发展的平台，让他们感受到银行和支行对员工的重视与尊重，为组织持续发展而保持工作热情和积蓄动力。

• 正向激励
• 负向激励
荣誉体系
制度
员工
归属感
• 内部团建
• 员工家庭陪伴
团队
氛围
多元文化
平台
• 网点氛围
• 场景氛围
• 主题兴趣研学
• 分享会

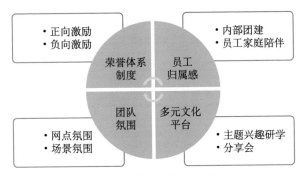

图 8-4　团队管理的核心内容

荣誉体系包含正向激励和负向激励，图 8-5 展示的是代表性的激励措施，供二级支行在实践中参考。

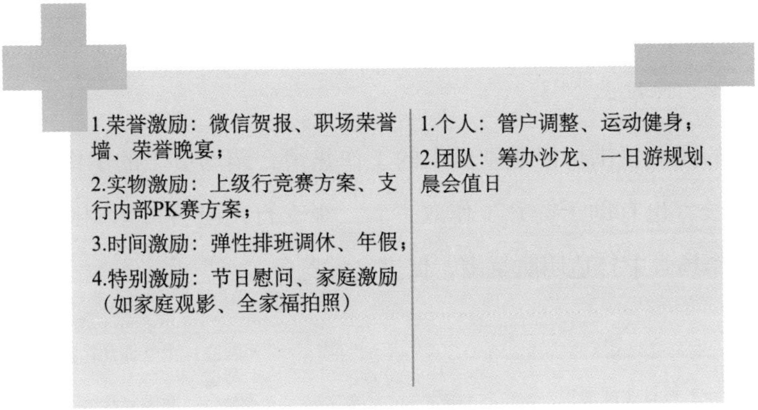

1.荣誉激励：微信贺报、职场荣誉墙、荣誉晚宴；
2.实物激励：上级行竞赛方案、支行内部PK赛方案；
3.时间激励：弹性排班调休、年假；
4.特别激励：节日慰问、家庭激励（如家庭观影、全家福拍照）
1.个人：管户调整、运动健身；
2.团队：筹办沙龙、一日游规划、晨会值日

图 8-5　荣誉体系激励措施

2. 加强员工归属感建设

归属感不仅能影响员工的工作绩效表现，还能有效减少员工流失率，同时还可以提高员工的忠诚度，促进团队发展。不同年龄段和性格的员工，会面临不同的成长问题和生活问题，可从员工自身和员工家庭两方面去提升员工归属感。表 8-22 为归属感提升的代表性活动示例，在实践中二级支行网点可将其作为员工归属感建设规划的参考。

表 8-22 归属感提升的代表性活动示例

类 别	对 象	归属感提升思路	归属感提升方法
二级支行内团建	"80后"	理解并帮助其排解负面情绪	传帮带、吐槽大会
	"90后"	帮助其快速适应新的岗位，鼓励其输出标新立异的想法	迎新会、拜师宴、才艺展示
	"00后"	尊重员工的个性化风格，鼓励其输出创意	业务尖兵，如保险女王、基金男神、电子银行小精灵
	不同性格	对不同性格的员工做差异化管理	个性测试心理辅导
员工家庭陪伴	所有员工	营造充满关怀的工作氛围	生日会
		让家庭成员对银行和支行更加信任	员工家庭开放日、周年家宴
		提升员工幸福感	员工相亲会
		打造团结、健康的团队形象	员工运动会

3. 营造团队氛围

良好的团队氛围可以激发员工的工作热情，调动员工的工作意愿，驱动员工的成长，也有助于提升工作效率。二级支行网点可以运用图 8-6 示例在不同的工作场景中打造团队氛围，促进良性竞争。

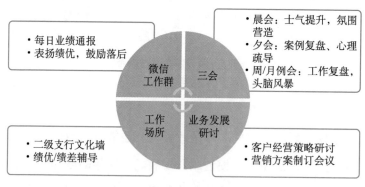

图 8-6 打造团队氛围的方法

表 8-23 是某行团队氛围建设的"客户经营吐槽大会"。

表 8-23　"客户经营吐槽大会"

"客户经营吐槽大会"团队氛围建设案例
1. 背景描述 　　为探索"90 后""00 后"喜欢的方式,将"吐槽大会"和客户经营研讨相结合,采用员工喜闻乐见的方式,鼓励员工陈述目前面访客户遇到的难点和困难。参与吐槽大会的客户经理可选择近一周面访最"难搞"或最"有意思"的一个客户进行吐槽,来充分调动员工的热情,通过这种方式,群策群力寻找解决方案
2. 目标意义 　　"吐槽大会"的目标是期望调动团队的参与感并营造积极的氛围,利用团队年轻化特点,抓住"90 后""00 后"特立独行的特点,以创新的方式来让大家共同探讨,创建良好的交流平台开展业务
3. 解决方案 　　"吐槽大会"每月由不同的客户经理主办,其他客户经理作为"智囊团"参与,可以从客户的经营过程、客户 KYC 情况、客户邀约难度、经营难点等方面进行研讨,鼓励客户经理即兴发挥。所有参与的客户经理都可进行自由客观点评并给出建议
4. 总结复盘 　　"吐槽大会"采用符合"90 后""00 后"的心理特征和喜闻乐见的方式来开展,对于比较"难搞"的客户,采用这种方式来集思广益,多角度多范畴思考"难搞"客户的经营方式,同时在这种吐槽的过程中,能够给予客户经理更多的信心和抒发日常工作的负面情绪

4. 打造多元文化平台

实践表明,文化多元化的队伍更善于解决问题,员工的视野更为广阔,对新问题、新挑战有更强的分析判断与解决能力。二级支行可以结合工作需求,围绕衣食住行玩等元素,打造团队多元文化平台。表 8-24 为主题兴趣研学和分享会活动主题示例,建议每季度不少于 1 场,在实践中二级支行可将其作为活动规划的参考。

表 8-24　主题兴趣研学与分享会主题示例

衣	食	住	行	玩
手表、珠宝、高级定制(如鞋、旗袍、婚纱等)	红酒、雪茄、米其林大餐、八大菜系、私房菜	高端楼盘、高端家具家电、特色酒店	私人定制线路、商旅出行攻略	高尔夫、掼蛋、德州扑克、电竞

桥水基金创始人瑞·达利欧（Ray Dalio）曾经在一次采访中说道："私人银行家并不是一条好走的路，面对的客户都是高资产的成功人士，而且财富管理讲求的是长久经营，需要和客户保持长期关系，高净值客户除了需要听取财富管家对金融市场的独到见解，更需要和财富管家在生活品位、艺术或收藏等方面产生共识，一旦财富管家可以在这些方面和客户取得共鸣，就很容易建立关系。"

所以，每一位客户经理需要在专业金融能力之外至少培养一项其他技能，比如菜系、奢侈品（如手表、红酒、车等）等，并对此领域有专门研究，成为此领域的行家。"知之者不如好之者，好之者不如乐之者。"二级支行可打造"乐之者分享会 / 主题研学游"，定期组织客户经理将自己的兴趣爱好跟同事进行分享，在工作之余，客户经理可以了解和学习到更多的技能，甚至专业能力特别强的客户经理，比如钢琴十级、品酒师三级、茶艺师等，还可以为客户组织专场沙龙。

为激励客户经理持续参与分享会与研学游，可设置积分制：分享会作为观众参与收听可积 1 分，作为分享人在二级支行内部分享可积 5 分，作为活动主要组织人可积 15 分，这些积分可用来兑换二级支行的稀缺资源，包括产品额度、管户资源、内部渠道等，如表 8-25 所示。

表 8-25 二级支行网点"乐之者分享会 / 主题研学游"积分制

分享会 / 主题研学游 主题	参与客户经理	参 与 形 式	积 分

第四篇

财富业务转型与发展之『器』

用好财富业务发展效率提升工具，夯实 CRM 系统与手机银行 App 专区运营阵地之基，提升销售工具包开发应用之力。

第九章

CRM 系统与手机银行 App 专区运营阵地建设

　　财富业务经营向数字化转型的过程中，商业银行加速数字化赋能，推进智能投顾平台、产品交易平台、资产配置系统、家族信托管理系统和零售经营平台等经营管理工具建设。

　　举例来说，平安银行上线"智能展业平台"，实现了对细分客群进行人机协同的"随时"服务支撑。"智能展业平台"服务功能包括：一是基于标签体系和投资模型分析，为细分客群精准匹配产品类型；二是实时追踪市场波动情况、客户持有情况，为客户经理提供专业沟通话术，帮助客户及时调整资产配置。展业平台解决了客户经理在与客户沟通时"专业感"体验不一的问题，通过"人机结合"，客户服务不再单纯依赖客户经理个人的专业水平，依托整个平安银行的专家团队的投资和服务能力，响应了客户需求。

　　邮储银行于 2021 年优化客户关系管理系统（CRM 平台）和个人财富管理系统，整合客户关系数据。其中，CRM 系统推出近

1000 个客户标签，实现了个人客户精准识别，由零星分析向系统化管理转型；基于客户不同家庭生命周期的需求，在个人财富管理系统中推出养老、子女教育、保险保障等目标场景理财规划功能，以科技赋能理财经理智能，为客户快速制定个性化服务方案，并逐步实现了为市场分析展望、客户需求挖掘、资产配置方案制作、跟踪检视等各个环节全流程赋能，协助理财经理做好资产配置服务。

本章聚焦于对内通过 CRM 系统建设与应用来提升营销人员客户经营效率、对外通过手机银行 App 专区运营阵地建设来提升客户服务体验两大视角来进行阐述。

第一节 ｜ CRM 系统的建设与应用

CRM 系统的建设与应用是发展财富管理业务的重要抓手及关键举措，也是提升营销人员经营效率的关键举措和加强营销人员过程管理的关键支撑，同时也为财富业务管理者提供可量化、可留痕、可评价的系统化管理抓手。

一、CRM 系统建设的蓝图与目标

CRM 系统建设的蓝图是期望通过集成客户信息与视图、营销线索、客户经理业绩、财富管理产品、资产配置等模块，为财富管理团队开展业务提供有力的系统支撑。以下是 CRM 系统中财富业务模块三大核心系统建设体系，如图 9-1 所示。

1. 资产配置支撑功能系统建设

资产配置支撑功能系统建设的目标是为开展财富业务提供专业支持，提升服务专业水平。核心功能内容包含投研资讯与观点、财富体检、资产配置建议书、产品导览视图等，目的是让财富条线核心岗位通过了解上级行对于市场的投研资讯与观点，提升对客的专业能力，同时通过财富体检功能和资产配置建议书两大对客辅助营销工具，提升客户经营效率，展示专业度，从而达到提升 AUM 和产品销售的目标。

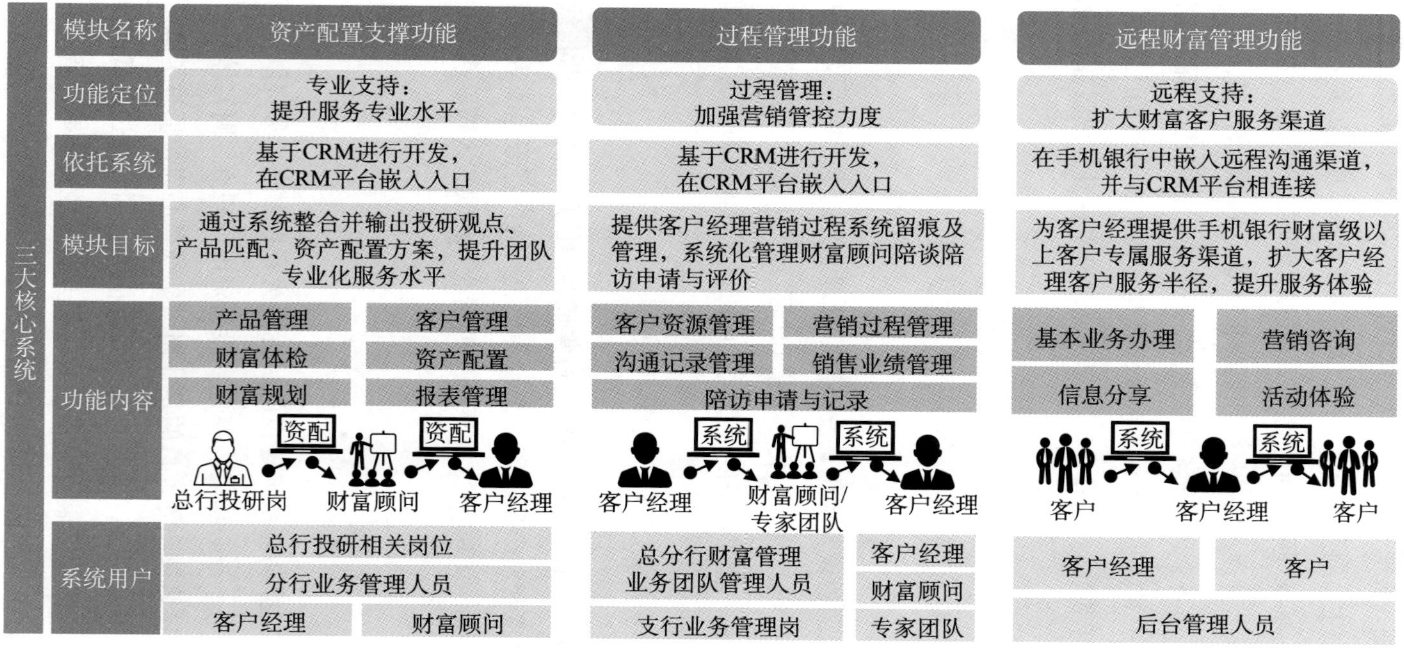
三大核心系统
模块名称
资产配置支撑功能
过程管理功能
远程财富管理功能
功能定位
专业支持：
提升服务专业水平
过程管理：
加强营销管控力度
远程支持：
扩大财富客户服务渠道
依托系统
基于CRM进行开发，
在CRM平台嵌入入口
基于CRM进行开发，
在CRM平台嵌入入口
在手机银行中嵌入远程沟通渠道，
并与CRM平台相连接
模块目标
通过系统整合并输出投研观点、产品匹配、资产配置方案，提升团队专业化服务水平
提供客户经理营销过程系统留痕及管理，系统化管理财富顾问陪谈陪访申请与评价
为客户经理提供手机银行财富级以上客户专属服务渠道，扩大客户经理客户服务半径，提升服务体验
功能内容
产品管理
客户管理
财富体检
资产配置
财富规划
报表管理
资配
资配
总行投研岗
财富顾问
客户经理
客户资源管理
营销过程管理
沟通记录管理
销售业绩管理
陪访申请与记录
系统
系统
客户经理
财富顾问/
专家团队
客户经理
基本业务办理
营销咨询
信息分享
活动体验
系统
系统
客户
客户经理
客户
系统用户
总行投研相关岗位
分行业务管理人员
客户经理
财富顾问
总分行财富管理
业务团队管理人员
支行业务管理岗
客户经理
财富顾问
专家团队
客户经理
客户
后台管理人员

图 9-1　财富业务模块三大核心系统建设蓝图

2.营销过程管理功能系统建设

营销过程管理功能系统建设的目标是通过对关键岗位的营销过程管理，加强营销管控力度。核心功能内容包含客户管理、营销过程管理、业绩管理、陪访管理等，需要达成三方面目标：一是客户经理需要结合客户管理模块所推送的商机事件进行精准触达营销，如到期、大额资金异动、客户纪念日等，触达后能够留痕以便业务管理者进行营销过程检视；二是围绕财富级以上客户"1+1+N"经营模式，对陪访相关事项进行有效管理，对陪访前申请、客户准入、审批、目标设定，陪访中资产配置建议书使用，陪访后财富顾问与客户经理互相评价，以及陪访后客户产能转化进行高效管理；三是对各层级业务管理人员，可以根据营销过程管理功能对客户经理和财富顾问关键营销行为进行有效管理，同时基于系统业绩管理模块对营销结果进行评价。

3.远程财富管理功能系统建设

远程财富管理功能系统建设的目标是扩展财富客户服务渠道，提升客户体验。核心内容包含基本业务办理、营销咨询、活动体验等，目的是让客户在任何时间、任何地点都可以通过管户客户经理之外的人或渠道进行业务咨询，在远程财富管理功能建设时，可增加远程投资顾问、远程专家队伍（如法律、税务、移民等）等功能，并设定服务响应时限，这样可以集中资源，用最专业的人来协助客户经理服务和响应客户在特定情景下的需求，进一步提升客户对银行品牌的认知度和服务体验度。

二、数字化中台运营体系建设

为有效支撑财富业务转型与发展体系落地，需要强化数字化运营中心建设，通过财富中台岗位重塑，将其转型为数据中台、策略中台、赋能中台和经营中台。数字化中台建设的核心目标是建设一套精准营销客群的标准化营销管理流程，明确中台和二级支行的工作流程，精选优质目标客群，通过数据分析、策略制定、营销赋能、CRM系统标签运营等推动，达成标准化、批量化、集中化、精准化的营销目标，提高客户可联系度、满意度和交叉销售率。图9-2是财富中台数字化运营中心建设体系。

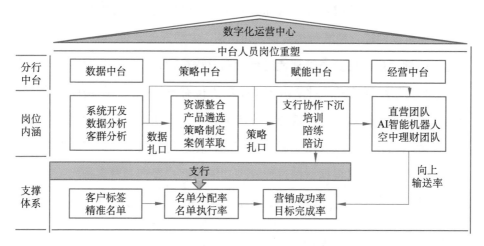

图9-2　财富中台数字化运营中心体系

1. 数据中台建设与应用

数据中台建设是财富中台数字化运营体系的根，核心是围绕财富客户经营建立"资产分层、属性分群、贡献分级"的三级评价体系，同时整合多条线、多维度数据，打破数据孤岛，构建立体化客户画像，并根据不同数据标签，构建大数据模型，用数据去支撑财富客户经营，用数据做好财富业务发展方向的决策。

2. 策略中台建设与应用

策略中台建设是围绕数据中台输出的分类标签客户名单，从产品、权益、活动三个维度构建不同类型标签客户的产品策略、权益类型与活动内容，并整合各类资源，利用线上手机银行App、线下网点渠道等多种触达方式，实现"千人千面"式的营销，提升营销精准度和成功率，如图9-3所示。

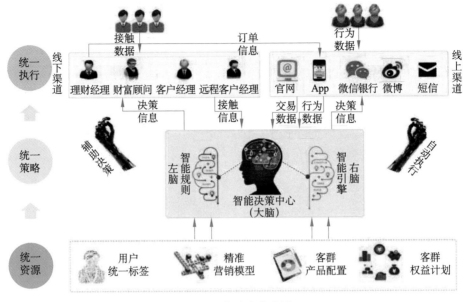

图 9-3 策略中台建设

3. 赋能中台建设与应用

赋能中台建设是围绕策略中台制定的不同标签客群差异化产品、权益与活动策略，将这些策略高效赋能二级支行，对二级支行开展有针对性的培训，对重要场景开展情景式练习，以提升客户经理专业能力，对不同标签客群名单分配率、执行率、营销成功率与目标完成率等过程行为与结果指标进行高效管控，确保策略中台制定的相关策略能够高效落地，同时对高净值客户开展陪访，提升高净值客户的服务体验。

4. 经营中台建设与应用

经营中台建设一般是对财富业务中的长尾客户（如 AUM ≤ 10 万元）通过直营团队，以空中理财团队为中心，采用"AI 智能机器人 + 手机银行 App+ 企业微信"的智能化、数字化和远程化的批量经营模式，建立长尾客户（如 AUM ≤ 10 万元）数字化经营体系，实现将长尾客户向上输送的目标，有效提升长尾客户的经营效率。

三、数字化精准营销四步法

在去网点化和手机银行 App 崛起的背景下，传统的以产品或重点客群的活动营销盘活模式难以实现精准营销和效率提升，需在整合"银行内部数据 + 互联网数据 / 标签"的基础上，分析挖掘同类标签（金融需求与非金融需求）客户需求，细化客户画像，挖掘存量客户中的潜在优质客户，实现客户价值提升。图 9-4 是数据化精准营销四步法。

图 9-4　数据化精准营销四步法

1. 客户统一标签画像

在搭建精细化客户分层经营体系的过程中，对标签体系的设计至关重要，通过客户标签不仅可以看到客户当前的交易行为，还可以帮助客户经理进行客户行为数据的判断，挖掘客户深度需求，实现精准营销转化。在具体实践中，平安银行开启了"智能化银行 3.0"模式的新发展阶段，采取的核心思路是"以客户为中心，以数据为驱动"。具体做法是为精准了解客户，围绕"客户生命周期、财富等级、职业属性"三个核心标签与"客户账户信息、产品持有信息、消费行为、心理偏好、风险信息、额度与还款行为、资金情况、权益偏好"八个偏好特征进行标签，细分出 112 个客群宫格。

数据标签可以分为事实数据和推测数据两大类。事实数据即客户的基本信息、账户属性，如客户 AUM、产品持有信息、金融与非金融交易行为。这类数据是每家银行拥有的相对完整的客户数据，构成客户画像的"半张脸"，但仅靠"半张脸"难以真正全面地了解客户需求。推测数据来自客户的需求、社交偏好等维度，如潜在资产数据（是否有保单、是否对高端 / 低端权益感兴趣、潜在可配置资产情况等）、兴趣偏好数据（客户对资讯 / 活动的浏览、转发、搜索、评价、点赞、会话关键词等信息）。通过补充客户行为等数据，发掘更多的潜在推测数据，才能得到更加完整的客户画像。但类似客户偏好的推测类数据是最难获取的，一般方法是通过客户手机银行 App 浏览历史（如浏览理财 / 基金 / 保险未购买）、客户权益兑换历史（如客户习惯兑换高铁 / 机场贵宾厅服务、兑换视频网站会员）等行为，然后把行为归因到标签里，如表 9-1 所示。

表 9-1　全量客户数据标签体系

全量客户数据标签体系	个人信息	年龄、性别、职业等
	账户属性	账龄、账户类型、代发关系
	产品偏好	固收理财、信用卡、循环贷款
	权益偏好	电子卡券、实物、虚拟权益
	渠道偏好	线下网点、手机银行、微信银行
	风险偏好	PR1（保守）、PR2（稳健）、PR3（平衡）、PR4（进取）、PR5（激进）
	客户黏性	活跃度、交易频率、交易金额
	社交属性	家庭圈、朋友圈、社交圈
	兴趣爱好	阅读、健身、旅游、游戏
	潜在资产	他行金融资产、车 / 房信息

表 9-2 是一些典型客户标签画像和客户经营目标，仅供实践应用时作参考。

表 9-2　典型客户标签画像和客户经营目标

客户类型	经营目标	客户特征	客户标签
中高端临界客户提升	客户向上输送，实现各资产等级客户净增长	临界财富客户、钻石客户、私行客户（财富客户：近三个月日均 AUM ≥ 50 万元；钻石客户：近三个月年日均 AUM ≥ 300 万元；私行客户：近三个月年日均 AUM ≥ 600 万元）	（1）降级赢回：曾经等级为财富客户、钻石客户、私行客户，目前资产为 40 万～ 50 万元、250 万～ 300 万元和 500 万～ 600 万元； （2）临界提升：目前资产为 40 万～ 50 万元、250 万～ 300 万元和 500 万～ 600 万元，从未达标成为财富客户、钻石客户、私行客户

续表

客户类型	经营目标	客户特征	客户标签
活水资金客群承接与提升	客户资金防流失、做配置与行外吸金	客户资金处于高流动性，易流失，同时也是短期产品营销的行内资金来源	（1）到期客群：定期存款、理财、保险满期； （2）定开型理财开放期； （3）大额活期或 T+0 可赎回资金 ≥ 10 万元
潜力基础客户提升	客户资产提升与等级向上输送	时点资产低，但资产潜力高	（1）潜力基础客户：客户账龄 1 年以上、5000 元 ≤ AUM 月日均 < 10000 元且月动账超过 1 次； （2）支付活跃且 AUM 低资客户：近 3 个月的月均消费金额在 5000 元及以上 / 交易笔数 30 笔及以上且 AUM ≤ 10 万元； （3）他行中高端客户：他行财富 / 钻石 / 私行客户或预测行外资产在 50 万元以上； （4）跨行同名规律性转出客户：连续三个月通过跨行转账方式向他行同名账户进行资金转出且时点资产 1 万～5 万元； （5）大额活期客户：持有活期资金 5 万元以上，且资产为 AUM ≥ 10 万元以上客户； （6）工资代发低效客户：工资代发客户月代发金额 ≥ 10000 元且近三个月 AUM 增量 / 近 3 个月代发工资金额 ×100% ≤ 10%； （7）养老金代发低效客户：养老金代发客户且 AUM ≤ 5 万元
财富配置客户	客户持有产品数量增加，促进产品销量，提升资配达标率	大类资产配置有缺失	（1）行外三方理财：通过银行卡购买他行 / 支付宝 / 财付通理财产品客户； （2）行内通过微信银行、手机银行浏览理财、基金、保险产品信息客户（未购买）； （3）行内持有产品数临界客户，如持有 3 种产品客户（产品为存款、非货币理财、非货币基金、保险）

续表

客户类型	经营目标	客户特征	客户标签
重点产品销售客户	促进产品销量增长，提升中收贡献	保险目标客户	（1）普通客户 ① 年龄：30 ～ 60 周岁； ② 余额：活期余额或 T+0 产品 5 万元以上； ③ AUM 值：20 万元及以上； ④ 有理财习惯客户（定期或理财等）； ⑤ 到期客户（存款、理财到期）； ⑥ 基金盈利的客户； ⑦ 买过保险的客户（期交或趸交均可） （要求：条件①②③必须全部满足，条件④⑤⑥⑦满足 1 个以上即可） （2）高净值客户 ① AUM 值：1000 万元及以上； ② 客户对婚姻资产保全、财产传承设计、家企风险隔离、节税设计规划、国际身份安排等话题之一感兴趣 （要求：条件①满足，条件②中满足 1 个以上感兴趣主题即可）
		基金目标客户	（1）仅持有固收产品（固收理财或债券基金）； （2）开通三方存管账户但未持有权益基金客户； （3）仅持有固收及"固收＋基金产品"的客户； （4）权益基金盈利超 6% 或回撤超 15% 的客户

2. 产品、权益与活动设计

围绕不同标签客户，通常设置专属产品、权益与活动施行差异化经营策略，并通过不同的渠道进行触达，提高客户营销精准率。

从产品层面来看，可根据资产分层，设置专属卡和金融产品，如不同资产等级客户专属理财产品、首次达标客户专属产品等，尤其是对私行客户，银行由传统的聚焦于向高净值客户提供财富服务转向为私行客户自身、家庭、企业提供更多元的"人家企社"综合金融服务，即个人、家庭/家族、企业和社会方面综合金融需求。

从权益层面来看，以手机银行为阵地构建权益专区，包含交易有礼、兑换有礼、客户专属增值活动，并针对不同资产等级客户匹配对应权益配置，如高端健康体检、高端户外游、私人定制活动等。权益体系设置的目标是通过权益使用，提升客户黏性，降低流失率。

从活动层面来看，主要有"资产配置体检"活动、"资产提升"活动、"财富潜客转化和提升"活动、"荐客进阶"活动、"产品配置"活动等。活动设置的目标是促使客户资产提升、等级向上输送、产品持有数增加和 MGM。

3. 营销活动执行管理

围绕不同标签画像客户，制定好差异化产品、权益与活动策略后，具体落地推动执行管理过程可分为三个环节。

（1）做共识，宣内容。由分行财富业务管理人员运用 CRM 系统，在 CRM 系统中建立精准营销客群的封闭群组，将客群名单数据分发到二级支行后，分行财富业务中台需向二级支行对名单标签客群特点、营销策略、执行流程与技巧等内容做详细讲解，确保二级支行零售分管行长、营销主管和客户经理充分了解。

（2）分客户，订计划。二级支行零售分管行长需要对群组名单，就分行分发的精准营销客群名单做好二级支行内部管户人员的分配工作，以管户客户归属为分配的首要原则。如存在未明确管户的低价值客户需要进行批量电销，则应按照柜员、大堂经理、理财经理、客户经理的顺序，将价值由低到高、数量由少到多排序，再进行分配。

制订月度营销计划和目标，可以在内部分组并匹配相应的营销竞赛奖励制度。按月推进营销计划时，可结合已有的存量客户活动，邀约名单客户参加。

（3）促执行，做管控。为了对不同标签客户差异化营销策略的落地执行情况加强监控力度，分行需定期对二级支行名单客群的营销执行情况进行统计评估，并对评估要素进行分析。分析需定期进行精准营销客群数据通报，督促二级支行和管户人的执行进度和效果，积累优秀营销案例。

二级支行管户人员对分类标签客户名单进行触达时，需要在营销时再次通过 CRM 系统查询客户的四个维度信息，即客户基础信息（年龄、性别、账龄、社会属性等）、客户 AUM 与持有产品信息、交易行为（金融与非金融交易行为）和过往维护记录，基于四个维度信息，综合判断营销切入由头，提升营销效率。

一般来说，在营销活动落地执行阶段，需要通过 CRM 系统平台执行每日通报制度，对各二级支行具体执行情况进行监控统计。监控统计具体指标项如表 9-3 所示。

表 9-3　监控统计具体指标项

机构名称						
营销名单总数量						
名单已分配数量						
营销成功名单数量						
营销成功率						
名单执行情况	已执行数量					
	名单执行率					
	名单可联系率、接通率、意向率					
营销成果（客户资产提升情况）	已执行名单客户资产					
	营销成功客户资产					

备注说明：

1. 名单总数量：每次下发名单的客户总数；

2. 名单已分配数量：名单分配至岗位的数量总和；

3. 营销成功率：营销成功名单数量 / 名单总数量；

4. 名单执行率：已执行数量 / 名单已分配数量；

5. 营销成果：［（营销活动结束日的 AUM 值 − 封闭群组建立当日的 AUM 值）/ 封闭群组建立当日的 AUM 值］×100%

4.成效追踪与评估

精准营销是一个持续优化的闭环系统，当活动执行期结束后，根据每日通报执行率、成功率等数据，从活动的效果、效益、效应等方面对活动执行情况、投入产出比和客户反馈情况进行评估。通过对营销活动的评估分析，调整营销战略，进行下一轮活动的模型优化，改善营销活动设计方案。

将数据与业务运营深度结合，培养从数据中寻找决策支撑的思维习惯，量化分析落地执行的结果，寻找优化和改善机会，"用数据、养数据"，形成智能决策的良性循环。表9-4是数据中台运营指标分析体系。

表 9-4　数据中台运营指标分析体系

一 级 指 标	二 级 指 标	三 级 指 标
客户经营数据	客户规模	客群客户数 / 客群增长趋势
	客户构成	客群分布 / 全生命周期
	客户黏性	客户忠诚度 / 客户转化
	客户价值	AUM/LUM/ 产品覆盖度
金融业务运营数据	业务交易规模	业务交易客户数 / 业务交易人均次数 / 交易产品特征分布
	业务渗透	业务线渗透率 / 总访问人数
	业务黏性	目标事件转化率 / 活动参与各流程转化率
	业务流程转化	转化人数 / 转化率
平台运营数据	新客激活	新增访问客户数 / 新增激活客户数 / 新客登录转化率
	活跃黏性	次日活跃留存 / 次月活跃留存 / 月活天数分布
	活跃效果	活动访问客户数 / 活动落地页跳出率 / 活动参与率
	活动推送	Push 触达客户数 / 推送点击率 /Push 推送覆盖情况
	客户体验	启动加载时长 / 报错原因分布
	登录流程诊断	登录成功率 / 登录转化率 / 次均登录耗时
	资源位运营	资源位曝光次数 / 点击率 / 转化归因 / 点击内容结构分布
	功能访问	功能访问客户数 / 功能访问渗透率 / 功能访问留存率 / 月功能使用天数分布

第二节　｜　手机银行 App 专区运营阵地建设

随着银行业竞争的不断加剧和"断卡行动"的监管，银行新增客户的增速日渐放缓，新客户增长乏力、产品同质化严重、存量市场竞争激励等问题不断涌现，财富业务逐渐从争夺新客户的"跑马圈地"阶段进入到对存量客户进行"精耕细作"的新阶段，"以产品为中心"的服务方式也逐渐向"以客户为中心"的服务方式进行转变，期望通过客群化经营来实现降低客户流失率和提升客户钱包份额的经营目标。

随着消费者行为习惯的改变和"去网点化"趋势的不可逆转，以私域运营为核心的阵地载体受到重视，以手机银行 App 为代表的专区阵地建设逐渐被各家银行提上日程，开始从过去的粗放式运营朝精细化运营转变。为了实现分类客群精准化服务，各家银行在手机银行 App 上开始建立客群专区，以客户需求为导向，快速提供更具有吸引力、体验感更好的个性化产品和服务，同时以数据分析为基础，洞察用户行为，根据不同的场景和用户特征设计有针对性的运营策略，为用户提供精准化服务体验，实现重点客群的专区化和精细化运营。下面将结合行业最佳实践，从用户等级管理与客户运营体系、财富客户活动运营体系、积分与权益运营体系三个方面进行解析。

一、用户等级管理与客户运营体系

1. 用户等级管理体系建设

目前，各商业银行为提升客群精准化运营能力，都建立了以手机银行 App 为载体的私域数字化经营平台，并根据客户资产等级、贡献度、交易行为构建用户等级体系。用户等级通常以用户成长值为核心划分等级标准，不同类型的银行在成长值标准构建中采用不同的维度，一般以客户持有的资产规模为主，也有将客户的金融交易行为和行内平台活跃度纳入考量范畴的。下面以招商银行为例进行说明。在"M+"用户等级体系下，该行将所有客户划分为大众 M1-M2、金卡 M1-M2、金葵花 M1-M3 和私人银行 M1-M3 共 4 个层级 10 个等级，"M+"会员等级由用户财富值决定，具体如表 9-5 所示。

表 9-5 招商银行"M+"用户等级体系

会 员 等 级	财富值区间	财富值衡量标准
大众 M1-M2	0～5 万元	财富值根据用户上月月日均资产（除第三方存管外的所有资产）进行 1：1 折算，每月 2 日更新，财富值＝上月每日资产之和／上月天数
金卡 M1-M2	5 万（含）～50 万元	
金葵花 M1-M3	50 万（含）～1000 万元	
私人银行 M1-M3	1000 万元及以上	

招商银行将用户等级体系与财富客户运营过程相结合，在手机银行 App 财富管理或私人银行专区中，会员等级较高的客户可享受财富客户和私人银行相应的权益服务。如金葵花 M3 和私人银行 M1-M3 分别对应资产规模在 500 万元及以上的客户和资产规模在 1000 万元以上的私人银行客户，均可享有高端尊享权益。

通过用户等级对应的权益运营，可实现客户黏度的提升，同时各家银行会不定期开展等级提升活动，即资产达标享好礼，从而促进客户资产和持有产品数的提升，实现客户向上输送和等级跃升。

2. 客户全生命周期运营

在获客、提升、稳定、防降和挽回五大生命周期中，银行通常会有一些共性的实践做法。一是在获客阶段，通过老客户荐新活动，实现新客开户，并结合用户等级设置首次资产达标或提升享权益活动；二是在提升阶段，设置资产达标享权益或资产提升不同额度享权益活动，实现客户资产提升和等级跃升；三是在稳定和防降阶段，设置专门的"资产配置"活动，如财富体检、持有产品数量 +1 有礼等，逐步推动客户持有产品数的提升，从而实现客户关系的稳定和降低流失率；四是在挽回阶段，设置"客户归巢"活动，如对近 6 个月资产降级至财富级以下客户，只要其当月资产重新达标至财富级，即可获得对应权益，实现客户资产的赢回或唤醒沉睡客户。

二、财富客户活动运营体系

1. 客户资产配置活动

资产配置活动是围绕引导客户体验和提升客户持有不同资产类型的产品数展开的活动运营（见表 9-6）。其主要有三种类型：一是"资产配置"任务体验类活动，如建设银行手机银行 App 上设置资产配置体检赢 CC 豆、招商银行"体验 AI 小招专属 TREE 配置"或"金葵花策略报告会"可参与抽取价值不等的黄金红包，任务体验类的活动目标是激发客户综合配置意识，植入资产配置理念。二是资产配置达标活动。如中信银行设置贵宾客户资配达标领 160 元权益；招商银行设置上月末资产配置中持有一类或二类资产，活动期内资产大类增加至三类或四类，即达标后可参与抽取黄金红包和掌上商城 0 元兑换苹果手机或吸尘器的商城券，资产配置达标活动目标是丰富客户持有资产类型和产品数。三是资产配置优化活动。如平安银行设置购买特定理财产品金额不少于 10000 元且同时从他行转入资产不少于 3000 元，即可获得抽取外卖券、洁牙券等活动权益。

表 9-6　客户资产配置活动

活动类型	活动目的	目标用户	活动权益
资产配置"体验有好礼"	解决意识有没有的问题：激发客户意识，植入资产配置理念	手机银行 App 用户	实物权益，如畅销类书籍、定制 U 盘；虚拟权益，如黄金红包、视频网站会员、洁牙券等
资产配置"达标享权益"	解决持有资产大类和产品数缺不缺的问题：提升客户持有资产类型与产品数	参与活动前的月末资产配置中（活钱管理、稳健投资、进取投资和保障管理）持有零类、一类或二类资产	
资产配置"优化赢福利"	解决持有资产大类和产品配置比例够不够的问题：优化资产配置，调整大类资产配置比例，防止"错配"	客户资产持有大类已达标四类且某类资产占比过高或某类资产占比过低	

2.资产提升活动

资产提升活动是围绕管理客户 AUM 向上提升、促进客户资产提升或等级跃升的运营活动。通常来说，资产提升活动应遵循以下的规则。一是先报名，后达标。即有意向参与活动的客户要先报名，在报名时点确认客户持有资产情况、是否符合要求的资质，如中信银行"财富进阶活动"，客户报名参与资产 50 万元、100 万元达标活动时，要求客户日均持有资产小于 50 万元、100 万元。二是活动规则设计。活动规则设计主要有三种形式：第一种是设置阶梯式资产达标享活动权益，如中信银行"财富进阶"活动，规定月日均金融资产达到 5 万元、20 万元、50 万元、100 万元、300 万元，满足不同达标金额的客户可获得相对应的活动权益奖励；第二种是设置资产提升幅度，达标后可享多次权益，如招商银行设置"达标月较前一月的月日均资产（剔除第三方）新增大于或等于 100 万元，且达标月大于或等于 500 万元"可最多有 6 次机会获得活动权益，建设银行"财富季"-"资产提升月月赢"活动，客户报名后每月资产较上月资产提升达标后可参与 CC 豆奖励活动，活动周期为一个季度，共计最多有 3 次提升机会；第三种是设置提升资产口径，即要求客户提升资产，必须购买特定的产品。

从活动权益设置来看，权益包括现金红包、抽奖机会、类积分奖励（如建设银行 CC 豆），客户达标后即可获得权益，有些活动银行会根据客户等级进行相应奖励，客户从低等级跨越到更高等级时，则获得的权益奖励是相对应机构资产层级奖励的加总，如邮储银行"龙腾升金"活动，客户达标 50 万元、200 万元、600 万元可分别获得相对应权益，但如果客户参与活动前三个月的日均资产在 50 万元以下，在活动期间直接越级提升至 600 万元以上，则可以享受达标 50 万元、200 万元和 600 万元的权益加总。

3.产品体验活动

产品体验活动是围绕未持有产品的客户开展的理财体验活动。如平安银行针对未持有非货币基金客户设置"财富小雪花""基金专享学习券"活动；工商银行推出"浏览有礼"活动，即登录手机银行浏览理财、基金、保险等页面，即可参与抽奖活动。产品体验活动一般以奖励"满减券""现金红包"或"产品份额"方式鼓励客户体验产品，如平安银行设置首次购买零活宝，客户金额达到 10000 元以上，可享 2 份产品份额红包。

4. 财富季/理财季活动

近年来，为了进一步推动财富业务发展，各家银行都开始建立具有品牌特色的"理财季""财富季"主题活动。财富季主题活动主要有三类：一是设置产品购买费率优惠、贷款利息折扣券等权益，实现行内重点业务推动；二是通过线上＋线下的"财富万里行"系列投资者教育活动，实现投教促营销；三是设置游戏、任务通关等趣味性活动，提升参与客户的理财知识。表 9-7 是工商银行、建设银行、平安银行"财富季"活动详细内容。

表 9-7　工商银行、建设银行、平安银行"财富季"活动详细内容

银 行 名 称	活 动 说 明	主 要 内 容
工商银行	"828 工银财富季"活动，即从 8 月 28 日开启，为期三个月，至 11 月 30 日	（1）引入大咖秀"财富解码"：邀请知名经济学家、明星基金经理、保险专家等行业大咖，进行在线交流、主题沙龙，解答客户的财富问题； （2）设置 H5 测试趣味游戏，打造"工银财富嘉年华"趣味活动和多重好礼奖励机制，客户在游戏体验中可学习理财知识，快速触达、获取金融产品，通过设计财商测试游戏，对投资客户进行财商教育； （3）遴选明星基金、优质保险和理财产品重点推广； （4）举办理财微课堂、网点微沙龙等线下网点活动，传递投资理念； （5）开展基金申购费折扣、贷款利率优惠等活动； （6）推出"工银星礼遇"增值权益服务和星级客户积分回馈活动

续表

银行名称	活动说明	主要内容
建设银行	2022年的"财富季"活动于9月1日开启，至年底结束	（1）以资产提升活动为主要内容，如"资产提升月月赢"活动； （2）推出"CC萌宠乐园"养成游戏，客户通过完成财富提升等任务获得CC豆积分并实现萌宠成长和升级； （3）点亮财富卡。"财富卡1"，初学乍练（持有一类户即可点亮）；"财富卡2"，渐入佳境（账户金融资产大于0元即可点亮）；"财富卡3"，财富升金（月日均资产较上月提升1000元即可点亮）；"财富卡4"，得心应手（成为投资理财客户，持有各类理财、资管、基金、保险、贵金属等产品即可点亮）； （4）点亮全部财富卡的用户可以瓜分CC豆和综合积分
平安银行	联合多家基金公司开展平安"优选基金节"活动	（1）客户学习投资知识，可领取随机体验金大礼包； （2）客户在申购产品时享有费率减免折扣； （3）以资讯、视频、线上直播等多种形式进行基金知识分享，帮助投资者解决选基难题，培养长期投资的理念； （4）合作基金公司的基金经理可通过平安"优选基金节"直播间，与基民开展多场实时对话，探讨热门话题，分享投资理念

三、积分与权益运营体系

围绕财富客户的积分运营，主要体现在两个方面：一是为财富客户提供积分回馈权益，客户可使用积分兑换具体权益内容；二是作为财富类营销活动权益，如建设银行在财富级营销活动中将CC豆作为权益奖励，客户获得的CC豆可兑换其他权益。

1. 以手机银行App为阵地构建权益专区

以手机银行App为阵地构建权益专区，提升了财富客户领取和使用权益的便捷性；通过权益运营，促进客户与手机银行的链接，进一步推动财富业务依托手机银行 App 的数字化经营。

从实践来看，目前银行的手机银行权益专区主要有两种类型。一是基于客户资产等级划分，设置客户权益专区，为不同资产等级客户提供专属权益，如图 9-5 所示的平安银行手机银行权益等级专区。

图 9-5　平安银行手机银行权益等级专区

二是根据用户成长等级设置权益专区，如图 9-6 所示的招商银行"M+"用户成长体系对应权益。

2. 权益体系运营策略

关于财富客户的权益运营，主要围绕以下四个方面开展，即情感类权益、金融类权益、高端增值服务和专属增值活动，如表 9-8 所示。

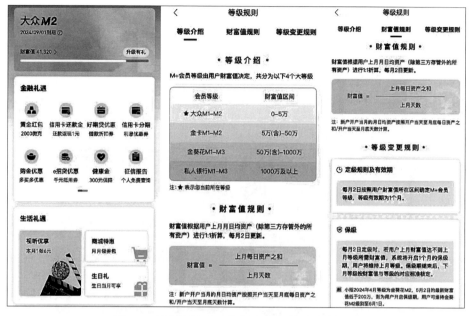

图 9-6　招商银行"M+"用户成长体系对应权益

表 9-8　权益体系运营策略

情感类权益	金融类权益	高端增值服务	专属增值活动
生日类、客户纪念日权益	专属定制信用卡、费用减免优惠	（1）健康：名医问诊、一对一面对面、三甲医院专属绿色通道等 （2）出行：机场接送机与绿色通道、高铁贵宾厅服务等 （3）教育：夏令营与冬令营、名企实习等 （4）生活/事业：高尔夫、游艇会、企业家联盟等	（1）私人定制类活动（如专属生日会、高尔夫球邀请赛、家族信托签约仪式等） （2）私行专属活动：名企参访、年度投资策略报告会等

　　从实践来看，高端增值服务与权益可谓大同小异，二者基本围绕健康、出行、教育、生活/事业等方面构建增值服务或权益内容。举例来说，中信银行专门成立五大俱乐部，包括"投资者俱乐部""健康养身俱乐部""旅行家俱乐部""未来领袖俱乐部"和"悦动人生俱乐部"，汇聚了各类投资、

健康、旅行、成长、运动等方面的服务内容；兴业银行专门成立四大俱乐部，包括"天使俱乐部"专项医疗服务、"园丁俱乐部"子女教育、"环宇人生"全球资源和"安愉人生"颐养天年服务。

值得思考的是，权益体系运营需要考量两个方面：一方面是市场竞争情况，做到"人有我有，人有我优"，同质化竞争的结果就是导致营销费用"内卷"，提高成本投入；另一方面是客户需求，对于财富客户和私行客户而言，除非权益的内容极具"稀缺性"，否则对客户的吸引力会打折扣。

围绕权益体系运营，银行开始思考如何在既定的成本下，给到客户权益后，能让客户感受到"尊重、私享、品质"的超预期服务，同时权益的实施实体最好能够成为触达客户圈层的载体，这样一举两得，既能够维护存量客户，又能够将权益使用变成进入客户圈层、拓展高端客户的利器，如私行客户定制生日会、AUM ≥ 3000万元超高净值客户私享定制游、客户专属高尔夫球活动等。因此，为财富客户和高净值客户私人定制的专属"稀缺感""体验感"和"圈层感"活动成为当下权益体系运营的发力方向。

第十章

营销工具支撑体系的建设与应用

在营销过程中，客户经理总是凭借三寸不烂之舌来试图"说服"和"搞定"客户，然而在很多时候，对于无形的金融产品，客户因没有足够的专业知识，故不能完全理解。因此，在向客户介绍产品和方案时，营销工具的重要性就显得不言而喻了。营销工具能够利用数据、表格和图片等形式将复杂的金融专业知识和术语清晰地表达出来，客户经理既容易把复杂的金融产品变得有形化向客户解释，客户也容易理解，从而提升营销的成功率。

营销工具的标准化成为财富业务中不可或缺的一环，同时高效的营销工具能够更好地支撑客户经理在营销时将无形的金融产品进行有形化展示，从而提高营销转化成功率。以下将围绕资产配置系列工具、产品营销系列工具和事件驱动营销"TIP"工具进行详解。

第一节 | 资产配置系列工具

客户经理需要在不同场景下对客户进行理念沟通和解释资产配置建议书方案。因此，资产配置理念沟通工具和资产配置建议书两个工具的标准化就成为推动客户经理向客户讲理念，落地资产配置方案的重要武器。表 10-1 是资产配置与检视流程的四个步骤。

表 10-1　资产配置与检视流程的四个步骤

资产配置与检视 四步骤	执行关键点
了解客户 / 建立 关系	1. 获取客户营销线索 以事件（资产变动、产品到期等）、产品销售（盘客户强配置）、服务（权益、活动、季度检视）等商机名单作为线索。 2. 客户 KYC 与见面准备 成功邀约客户面访后，结合 CRM 系统，掌握客户资产情况、KYC 情况、风险测评报告等资料，撰写简易版资产检视报告等材料；为彰显客户专属身份，应准备专属接待室并预留车位
提供配置方案	1. 利用工具讲解资产配置理念 一般可利用资产配置工具，如家庭标准普尔四象限图，从专业的角度向客户解说家庭资产配置的理念。 2. 利用简易版资产检视报告讲解方案 结合客户的资产现状、KYC 与风险偏好，从专业角度向客户解说资产检视报告内容，并耐心解答客户疑问
建议与执行	与客户确认资产配置报告的内容，开展资产配置、投资方案的落实和交易执行工作，严格按照业务操作规程，做好产品购买交易前的风险提示、录音录像等各项合规工作
跟进追踪检视	资产配置的内容实施后，根据客户的持仓状况做持续检视与再平衡，进行方案评估与调整。资产检视分为定期检视和不定期检视，对重要客户、复杂案例的检视和再平衡可由财富顾问协助完成

一、资产配置理念工具

常见的资产配置理念工具是在标准普尔家庭配置象限图的基础上延伸出

来的家庭"四笔钱"规划工具，如图 10-1 所示。资产配置四笔钱是指要花的钱、保障的钱、保本升值的钱、投资生钱的钱。每笔钱的财务目标不同，约束条件不同，对组合的收益风险贡献也不同。每笔钱对应的投资安排和适配产品各有不同，要结合家庭的实际需要进行规划，既要每笔钱都有，又要金额足够，还要做好配置。

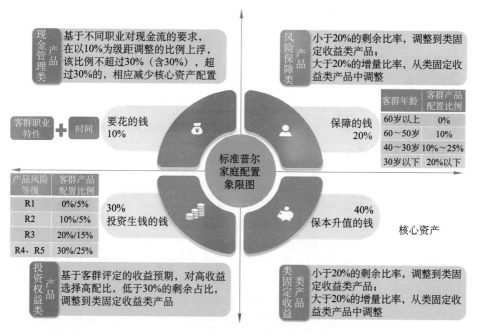

图 10-1　资产配置"四笔钱"理念模型

下面是一个现状回顾话术案例（参考）：

客户经理：××先生/女士，我用四笔钱帮助您做好资产配置，这四笔钱是要花的钱、保本的钱、保障的钱、投资的钱。每笔钱功用不同，能为您和您的家庭解决不一样的问题。① 第一笔"要花的钱"就是我们随时要动用的钱。它的优点是流动性很高，但相应地如果配置过多，收益会比较低一些，会拉低整体资产的配置效益，所以，我建议够用就好，所以您看这个部分大概帮您预留多少是足够的？（等客户回答，客户回答"有具体的金额"或"没有具体金额"）没有具体的金额：一般建议留够三到六个月的生活花销，您大概每个月的生活花销大概是多少？（了解客户每个月的生活花销金额）② "保障的钱"就是让您的风险有保障，遇事不求人；谁都不希望风险发生，但风险是否发生并不由我们来做决定。所以，当风险发生的时候，至少要有一个紧急的现金流，可以确保您的家庭生活水平不会大幅地降低，也就是能够确保一定的生活品质，所以这部分其实会以保险为主，它的优点就是在风险发生的时候会有紧急现金流。这部分的缺点，就是没有收益的空间，您过去有没有配置一些保险类产品？（进一步了解客户保障类产品的情况）③ "投资的钱"，其实就是投资理财。因为投资理财在有些时候会不可避免地有一些波动，所以如果您要应对刚性支出，在市场相对低迷的时候可能会比较被动。所以，投资理财会再细分成两部分，一部分是保本的钱，另外一部分是投资的钱。保本的钱能帮助我们做到"家里有粮，心里不慌"，它是家庭财富的压舱石，一般以存款、大额存单、固收理财为主，它的优点是收益非常稳定。当然，实际可能也会遇到一种情况，如果以保本的钱去做相应的配置，基于整个国内存款利率逐步往下走的现实，有可能到期之后会出现所谓的再投资风险。所以，在这个过程中，最好拉高长期投资的效益，这其实主要依靠投资的钱。④ "投资的钱"是长期不用的钱，主要是为了增强家庭资产配置的超额收益，比如银行的长期理财、资管产品、权益基金等。针对投资的部分，除了我行，以前您大概还接触或者配置过哪些不同的产品？（向客户简单KYC过往投资的情况）

二、资产配置单页与简易版资产配置建议书

1. 资产配置单页

资产配置单页一般用于客户首次资产配置（理念植入）之时或定期资产

配置检视之时，是核心工具之一。通过资产配置单页的应用，能够简单清晰地与客户共识配置现状，配置目标与配置建议方案，如图 10-2 所示。

1.财富体检分数	XX银行 XX财富 客户专享 资产检视计划										贵宾签名	
											检视日期	____年____月____日
2.理财目标	□ 50 □ 100 □ 300 □ 600 □ ____				目标时间	□3年	□5年	□其他____			客户需求与风险偏好	
3.理财需求	□ 结婚	□ 买房	□ 教育	□ 旅游	□ 创业	□ 养老	□ 传承	□ 慈善	□其他____			
4.理财经验	□ 理财	□ 股票	□ 股票基金	□ 债券基金	□ 黄金	□ 房地产	□ 信托	□ 保险	□其他____			
5.配置顺序	□ 流动性 □ 收益性 □ 安全性				6.期望收益			7.行外资产				□ PR1 □ PR2 □ PR3 □ PR4 □ PR5
8.四笔钱	现有配置	现有资产	现有比例	建议比例	建议金额	产品名称/内容					本次配置	本次资产配置建议
□要花的钱												
□保值的钱												
□生钱的钱												
□保障的钱	总保费占总资产的10%~20%											
XX银行 客户首选的财富管理银行									XX银行____分行____支行 您的专属理财经____			

图 10-2 资产配置单页

2. 简易版资产配置建议书

为提升对客户的营销效率和展示专业度，各家商业银行都会依据实际情况设计标准版的资产配置建议书，但从实际应用效果来看并不十分理想，原因有两方面：一是宏观内容部分，对客户经理和客户而言，都需要有一定的专业度才能够理解；二是在客户资产现状检视与配置建议部分，标准版的资产配置建议书往往会依据不同大类资产在不同宏观环境下的配比进行对标，然后依据客户资产现状给出配置建议，但事实上，一个客户很难一次性将所有大类资产配置齐全。

基于实际应用场景和提升效率的需要，以下是简易版资产配置建议书的结构与详解。

模块一：现状回顾

现状回顾一般基于客户目前资产配置情况与阶段性表现进行解析，内容可以表 10-2 作为参考，表中以客户资产 100 万元为例。

表 10-2　现状回顾

资产类型	配置金额/万元	配置占比/%	产品名称	近一年收益率/%	参考业绩比较基准（7日/年化业绩基准）
现金管理类	20	20%	××宝	1.9%	2.1%
固定收益类	80	50%	定期存款	2.15%	2.15%
		30%	××理财	3.1%	3.1%
权益投资类	0	0	无	无	无
保险保障类	0	0	无	无	无
合计	100	100%	综合收益率（年化）	2.385%	2.425%

下面为现状回顾话术案例（参考）：

××先生/女士，今天约您过来，是想跟您汇报一下您在我行的账户情况：① 您目前账户的配置情况如下，我帮您算了一下，您的账户在过去一年整体收益率为 2.385%；② 您目前在我行的客户等级是白金级，您可以享受的权益是1、2、3，这些权益综合价值是 ×× 元；③ 您在过去一年参与了我行的 ×× 活动，兑换使用了 ×× 权益，非常感谢您的支持与信任。

模块二：需求理解

需求理解需要结合市场宏观环境，在对客户 KYC 的基础上对客户的需求进行综合判断与激发，同时与客户达成共识需求，明确目标。表 10-3 是需求理解内容参考示例。

下面是需求理解与共识话术案例（参考）：

张先生/女士，根据我对您的了解，您的家庭目前所处阶段为家庭成长期，您的家庭收入、支出情况是……，以下有三个建议供您参考：① 从投资规划看，您目前的投资收益率是××%，在目前存款和理财利率下行的趋势下，我希望给您设定的目标年化收益为××%。②从保障规划看，目前您的家庭可能会面临以下两方面的风险，一方面，因为目前您和爱人都是家里的经济支柱，且除了社保无任何风险保障配置，我建议您与爱人分别配置××万元保额的意外与重疾险；另一方面，您对孩子的未来成长还有很高的预期，建议您现在可以考虑对孩子未来进行教育规划，准备一笔教育金，我帮您测算了一下，按照您的规划，孩子如果念完研究生，大概需要准备××万元。③因为您和您爱人的双方父母均健在且已退休，但随着年龄的增长，他们发生疾病的风险概率也在增大，建议您可以考虑给父母配置特定的重疾险种（如特定肿瘤与癌症险），这样一旦发生不测，不至于在经济上让您有太大的负担与压力。

表 10-3　需求理解内容参考

客户家庭现状	需求理解与共识方向
双方父母均健在（退休工资5000元/月均人均） 张先生（42岁）张太太（39岁） 收入与支出 现有家庭资产100万元 女儿5岁 张先生张太太月收入5万元（分别为3万元和2万元）、房贷车贷支出1.8万元、孩子教育支出1万元、日常开销1万元/月	（1）目前，100万元资产配置在现金管理与固收类资产中，尤其是固收类资产配置过高； （2）目前双方父母均健在，处于退休状态，无太大赡养压力； （3）张先生与张太太除社保外无任何风险保障配置； （4）对女儿未来成长有较高期待，已规划好教育成长路线，但未做教育金规划

模块三：方案建议

方案建议是在需求理解与共识的基础上，为客户设计的定制化解决方案。方案设计时，需要与客户明确每类配置的目标、产品的选择以及与客户需求的相关性。表 10-4 是方案建议内容参考示例。

表 10-4 方案建议内容参考

资产类型	配置金额（万元）	配置占比（%）	产品名称	近一年收益率（%）	参考业绩比较基准（7日/年化业绩基准）
现金管理类	10	10%	××宝	1.9%	2.1%
固定收益类	50	20%	定期存款	2.15%	2.15%
		30%	××理财	3.1%	3.1%
权益投资类	10	7%	××债基	4.2%	（−5.3%最大回撤，6.8%成立以来年化收益）
		3%	××混合基金	2%	（−34%最大回撤，17.8%成立以来年化收益）
保险保障类	30	24%	××年金	3.1%	2.5%+×分红型年金
		6%	××重疾险		50万元保额
合计	100	100%	综合收益率（年化）	2.708%	[1.934%，3.194%]

备注：为简化计算，将2.5%+×分红型年金的第20年收益率与近一年都等于3.1%；7%比例××债基与3%比例××混合基金组合，回测的最大回撤和年化收益为（−3.6%，9%）；[1.934%，3.194%]是根据所配置基金历史数据回撤，当基金组合发生最大回撤时组合下限综合收益率为1.934%，当达到基金组合年化收益时组合上限综合收益率为3.194%

下面为方案建议话术案例（参考）：

张先生/女士，以下是根据您的需求所设计的方案，主要有两个方面：① 从投资规划看，您设定的目标年化收益为××%（如3%），我建议从您目前的现金管理类产品里减少10万元，配置到资本市场里，这里建议给您做个股+债的组合；② 从保障规划看，我建议从您目前的存款里减少30万元，分别配置××重疾险和××年金险，××重疾险配置可帮您实现家庭财务的安全，无后顾之忧，从而更专注地发展事业，××年金险可帮您实现孩子教育金的有力补充。

第二节 | 产品营销系列工具

投资规划与保障规划是资产配置中两个最核心的业务场景，围绕投资类产品和保障类产品销售，需要建立权益基金类和保险保障类标准化产品营销工具。

一、保险保障类营销工具

1.人生草帽图工具释义

（1）人生草帽图工具，如图 10-3 所示。

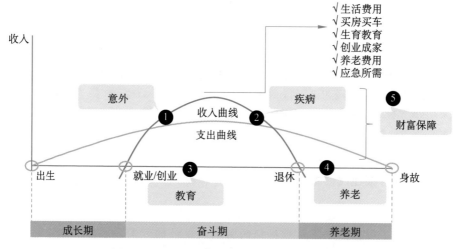

图 10-3 人生"三个阶段，五个问题"草帽图

（2）人生三个阶段的划分，如表 10-5 所示。

2.人生草帽图工具详解

表 10-6 是对人生草帽图工具的详细解析。

表 10-5　人生三个阶段的划分

三个阶段的划分	
数轴意义	横轴代表人生旅途，纵轴代表金钱收入
关键的年龄时间点	从经济的角度看，人生有两个关键的时间点，就是我们工作的时间和退休的时间。这两个时间点把我们的人生划分成了三个阶段，即成长期、奋斗期和养老期
两条曲线引出科学规划的必要性	
支出曲线	我们一出生甚至还没出生就开始花钱，养育教育是一笔不小的数目； 工作之后，随着家庭责任的变化和生活品质的提升，开支越来越多； 进入养老期，需要有充足的养老金储备，即使离开人世，还需要一笔最后费用
收入曲线	工资收入因年龄、经验、能力的累积而逐渐提高； 到了一定的时候，主要出于年龄原因，收入就会逐渐降低； 退休后，主要依靠社保养老金、企业养老金等，但收入会大幅下降

表 10-6　人生草帽图工具详解

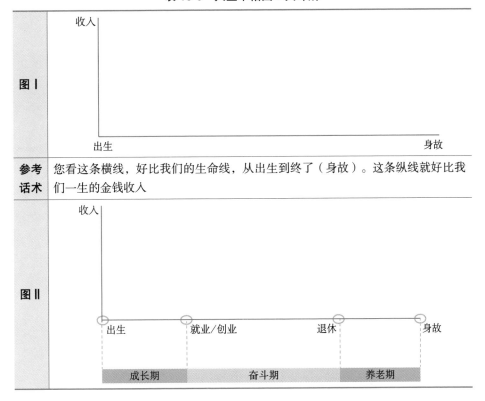

图 I	
参考话术	您看这条横线，好比我们的生命线，从出生到终了（身故）。这条纵线就好比我们一生的金钱收入
图 II	

续表

参考话术	我们的一生分为三个阶段。从出生到就业/创业，这是人生的成长期；从就业/创业到退休，是我们的奋斗期；从退休到终了（身故），这是我们的养老期
图Ⅲ	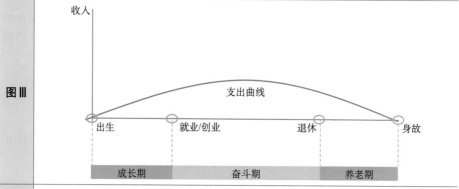
参考话术	从出生那一刻开始，有一条线会始终伴随着我们，它就是支出线，因为我们的一生都需要消费，您认同吗？
图Ⅳ	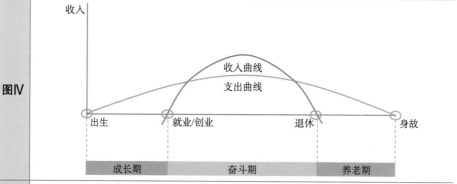
参考话术	不过，我们只有从就业/创业到退休这个阶段才有收入，这是我们的收入线。而支出却贯穿终生（注意用笔引导客户浏览收入曲线与支出曲线）
图Ⅴ	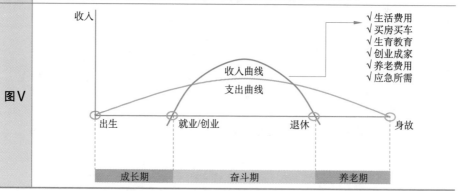

续表

参考 话术	（用笔写）这个阶段我们需要准备一生要花的钱，包括生活费用、买房买车的费用、生育抚养孩子的费用、孩子长大后创业成家的费用，以及自己的养老费用、应急所需费用
图VI	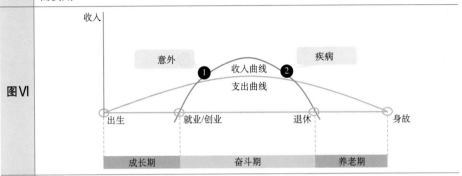
参考 话术	但有两件事情是我们无法掌控的，一个是疾病，另一个是意外。一旦不幸发生在我们身上，就会让我们的收入中断。比如意外发生，导致走得太早，责任未了；或是大病残疾，连累家小。这时支出不但不会减少，反而会越来越多，您认同吗？
图VII	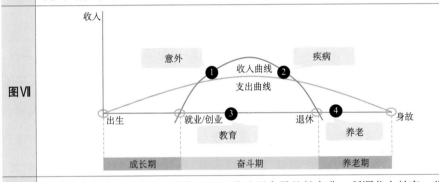
参考 话术	就算以上两件事不发生，我们还要面临孩子高昂的教育费，所谓儿女教育，花费不少；如果只顾了孩子，还有可能没有准备好养老的费用，导致我们自己活得太久，没钱养老
图VIII	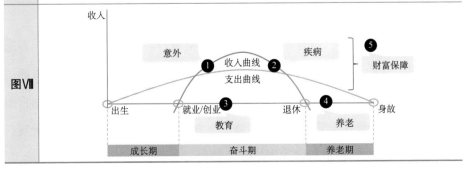

续表

参考话术	即使我们很幸运做好了人生的全部规划，还是会受到经济大环境的影响，导致我们的财富缩水，遗憾不少，辛苦累积的财富没做到安全保值增值和传承
图IX	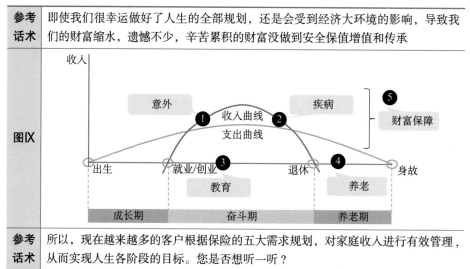
参考话术	所以，现在越来越多的客户根据保险的五大需求规划，对家庭收入进行有效管理，从而实现人生各阶段的目标。您是否想听一听？

3. 保险保障缺口测算表

基于客户的现状、收入及现金流情况、风险承受能力和其他相关限制条件，对保险保障进行分析。根据客户的具体情况可计算出应配置的"养老、子女教育、人寿、健康"的保险需求，梳理已有保障对"养老、子女教育、人寿、健康"保险需求的覆盖度；根据保障需求与已有保障的覆盖度，计算出客户的保障缺口，再据此提供保障建议。通过人寿/意外保障、健康保障、子女教育、养老保障四个维度，分析客户家庭当前的保障情况，如表10-7所示。

二、权益基金类营销工具

权益基金类是资产组合中不可或缺的一类资产。在国内资本市场，普遍存在基民"体验差"的情况，客户经理也"谈基色变"，这背后有多方面的原因，但不论如何，权益类资产的配置能力和营销能力都是客户经理的重要能力之一，权益类基金营销工具将围绕三个方面进行设计，即为什么要配置、怎么配置、怎么选择基金。

表 10-7　客户家庭当前的保障情况分析

保障功能	保单作用	被保人	建议保额/万元	已有保障/万元	诊断缺口	紧急程度（用星级表示，星级越高，紧急程度越高）
人寿/意外保障	在家庭经济支柱因意外丧失劳动能力或因企业经营而产生债务风险时，保证家庭成员的最低生活水平，或达到无损传承财富的目标	先生				★★★★★
		太太				★★★★★
		子女				★★★
健康保障	在发生重大疾病时，确保有及时、充裕的现金流进行救治，并对疾病后的收入损失进行经济补偿	先生				★★★★★
		太太				★★★★★
		子女				★★★
子女教育	在家庭主要经济支柱失去劳动能力的情况下或当企业债务风险波及家庭时，保证子女教育金能专款专用	子女				★★★★
养老保障	在充分考虑通胀及未来宏观政策趋势的情况下，保证退休后有确定及稳定的现金流，不会与现在的生活品质有过大落差	先生				★★★★
		太太				★★★★
		子女				★★★

1. 为什么要配置

我们都知道，"市场有周期，资产有轮动"，在不同的经济发展阶段和周期，市场波动不一，不同资产的收益也表现出巨大的差异性。从历史数据来看，即使是同一类资产在不同的经济发展阶段和不同年份，其收益率也会出现较大的波动。表 10-8 是各大类资产代表指数从 2013 年至 2024 年（1 ~ 8 月）的表现。

表 10-8　各大类资产代表指数从 2013 年至 2024 年（1～8 月）的表现

年份	沪深 300	货币市场基金指数	中债 - 新综合全价（总值）	恒生指数	标普 500	COMEX黄金
2013	−7.65%	3.64%	−3.55%	2.87%	29.6%	−27.86%
2014	51.66%	4.12%	6.56%	1.28%	11.39%	−1.59%
2015	5.58%	2.73%	4.23%	−7.16%	−0.73%	−10.44%
2016	−11.28%	1.87%	−1.63%	0.39%	9.54%	8.66%
2017	21.78%	2.86%	−3.38%	35.99%	19.42%	13.32%
2018	−25.31%	2.98%	4.79%	−13.61%	−6.24%	−1.88%
2019	36.07%	2.29%	1.31%	9.07%	28.88%	22.73%
2020	27.21%	2.03%	−0.06%	−3.40%	16.26%	−21.64%
2021	−5.20%	2.17%	2.10%	−14.08%	26.89%	50.46%
2022	−21.63%	1.76%	0.51%	−15.46%	−19.44%	10.56%
2023	−11.38%	1.91%	2.06%	−13.82%	24.23%	−10.28%
2024（1～8 月）	−2.49%	1.14%	2.90%	2.25%	16.45%	3.30%

数据来源：Wind,2013.1.1～2024.8.16；指数过往表现不代表其未来。

从大类资产配置的角度来看，超配现金会导致长期收益低，超配固收会导致流动性差，超配权益会导致整体资产波动大，如表 10-9 所示。

表 10-9　大类资产超配与缺配的风险和危害

大类资产类型	超配风险	缺配危害
现金	长期收益低	流动性不足，无法满足日常需要
固收	长期收益低，流动性差	稳定性不足，缺少压舱石
权益	波动性大	整体收益低
另类	长期收益低	资产相关性高

从"为什么要配置权益类基金"来看，常用市场热点、趋势分析等话题切入，目的是引发权益类基金配置商机或进行市场风险提示，帮助客户梳理投资理

念，建立正确的认知。表 10-10 是针对不同类型客户植入权益类资产配置理念的话术示例。

念的话术示例。

表 10-10　针对不同类型客户植入权益类资产配置理念的话术

适用客群	切入由头	话术示例
保守理财客户	由通货膨胀的危害引出"为什么要做投资"	××先生/女士，您好，目前市场通胀虽然看似温和，但过去的二十年间每年也有平均3%左右的通货膨胀率。举个例子，您就能切身感受到了。2000年的100元人民币，在年化3%左右通货膨胀长期侵蚀下，如今的实际购买力大约只有50元。也就是说，从2000年到2024年，如果您什么都不做的话，您的财富实际购买力将缩水约50%。从2024年理财市场来看，大部分理财产品的业绩比较基准也就在3%左右，只能跑赢通货膨胀。通货膨胀拉长周期来看是具有长期破坏力的，您需要通过做一些投资来抵御通胀对存量财富的逐步侵蚀
	由收入相对于核心资产的缩水情况引出"为什么要做投资"	××先生/女士，您好，目前经济一直在持续发展，随之收入也会有所提升，但实际上收入的增长根本跑不赢核心资产的增长速度。举个例子，2010年全国很多城市的房价均价才4000元，但到了2024年，全国很多城市的房价均价翻了好几倍。也就是说，相对核心资产价格而言，您的收入每年都在缩水
	由资产回报非线性增长引出"为什么要长期投资"	从长期来看，每类资产的年化回报大体是恒定的，没有无限上涨的资产，"涨多了必跌，跌多了必涨"是各类资产波动的共性特征。因此，资产的回报并不是平均分布到每一年中，它具有典型的轮动特征，就像农作物收成，也有大小年一样。如果投资周期过短，那么投资结果很大程度上取决于进场的时点；但如果投资周期拉长，那么就能发挥市场规律的作用，大概率会获得这类资产的合理平均回报
配置失衡客户	由不同类别资产长期回报中枢引出"为什么要股债搭配"	您看，这是从2004年到2024年股、债的整体表现，债券年化收益率大约是4%～5%，股票年化回报大约是8%～10%。如果光配置底层资产以债权类为主的理财产品，是很难实现资产稳健增值目标的，若光做股票，虽然潜在收益可能会上去，但是风险又会加大。要想在控制风险的前提下实现长期稳健的回报，只靠单一资产其实很难实现，需要进行股票和债券的综合配置。您在过去的投资经历中，有没有做过股债搭配呢？

适用客群	切入由头	话术示例
个人炒股客户	用数据证明机构投资者业绩更优秀，引导出"相信专业的力量"	散户之所以在震荡市中很容易亏损，是因为缺乏机构投资者的专业度，同时过于频繁地追涨杀跌。您看，从2004年到2024年这20年间，市场经历多次牛熊交替情况，但散户远远没有机构赚得多。所以，我们应该相信专业的力量，把专业的事交给专业的人来做，效果才会更好
	用2015年牛市顶峰成立的基金与沪深300历史业绩对比，论证"时机不是最重要的，坚持正确的投资方法才最重要"	的确，当市场出现巨大波动的时候，机构所管理的产品大概率会出现巨幅回撤，例如这只在2015年4月成立的基金，虽然发行时处在牛市的高点，成立后立刻迎来市场大跌，但持有到2023年年底时，它的投资回报率仍然高达112%、年化14%，因此决定成败的关键不是买入时点，而是能否以正确的投资方法去做投资。很多人喜欢自己炒股，但现在市场环境变了，很多人也开始改变自己的炒股方式：根据可投资的资金量，用80%的资金持有高股息率股票，如银行股；用20%的资金持有成长性行业的龙头股，如芯片、软件行业龙头股

2. 怎么配置

在权益类资产配置过程中，要充分考虑到不同客户对资本市场的认知，明确投资目标。以下是三种常见的营销实战配置策略与方法。

（1）九一配置法。"九一配置法"是权益类资产配置中一种常见的营销方法，即将客户资产中的90%配置固收类资产，将10%配置权益类资产，同时以固收类资产的收益作为权益类最大亏损幅度进行锚定，若配置后随着市场的变化，配置的基金亏损幅度达到固收类资产的收益时，则一定要与客户进行沟通，围绕市场情况、配置基金表现、后续对策与建议三个方面开展沟通，以供客户做后续投资决策的参考，如表10-11所示。

（2）股债组合配置法。资产配置的本质是通过大类资产的分散配置，找到一些低相关性甚至负相关性的资产，通过组合配置的方式来降低由单一资产带来的波动和风险，让组合收益更稳定、更确定、胜率更高。资产组合之间最好的相关性是负相关和低相关，但最好的组合能够降低波动和风险，同时收益率并没有太大下滑。表10-12体现了不同大类资产的相关性。

表 10-11 "九一配置法"的策略和方法

"九一配置法"示例 （以 50 万元资产为例）	话术说明
	做投资是为了让生活过得更好，根据前期跟您的沟通，建议先追求本金安全，再寻求提高收益。推荐您选择"九一配置法"，可将 10% 的资产投入权益类产品，将剩余 90% 资产投入收益稳健的固收理财。我给您演算一下这种方法是怎样保护本金安全的。举个非常简单的例子，假设拿 50 万元只买理财产品，一年到期后有 3% 的年化收益，那么您的整体收益就是 1.5 万元。如果把这 50 万元分开来购买产品，45 万元还是购买理财，5 万元购买基金，这样测算一下收益，理财到期后还是 3% 的年化收益，则理财一年的收益金额就是 13500 元。先做一个比较不好的设想，就是这一年连一分钱没有赚到，那是不是表明 5 万元的基金要亏损 13500 元，这样的话基金是不是亏损了 27%，大盘可能要从现在的 3000 多点跌到 2000 多点（根据大盘实际点位预估），但是您觉得这样的概率大吗？我们再做一个好的设想，如果今年市场比较好，基金的收益达到 8% ～ 10%，那您这 50 万元资金收益是不是要比单纯购买理财好多了，这就是我们的"九一配置法"

这里需要特别说明，采用"九一配置法"需要根据现有的大盘点位和未来的发展走势进行判断，对于客户经理来说，当权益类配置的回撤幅度达到固收类收益时，需要进行一次深度投后沟通来决定是否继续持有

表 10-12 股债组合配置法的策略和方法

指 数	上证指数	债 券	黄 金	美 股	港 股	房 地 产
上证指数	1.00	−0.20	0.17	0.35	0.57	−0.08
债券	−0.20	1.00	−0.08	−0.16	−0.23	−0.17
黄金	0.17	−0.08	1.00	0.07	0.25	−0.04
美股	0.35	−0.16	0.07	1.00	0.56	0.06
港股	0.57	−0.23	0.25	0.56	1.00	0.04
房地产	−0.08	−0.17	−0.04	0.06	0.04	1.00

数据来源：Wind,2005.1.31-2024.8.16; 上证指数（000001.SH）、债券（CBA00301）、黄金（GC.CMX）、美股、港股、房地产（70 个大中城市新建商品住宅价格指数）。

资产配置应按照"多类别、多市场、多周期"的三多原则构建组合。以下是涵盖原油、黄金、纳斯达克、沪深300、创业板指和中证综合债6大指数，以每大类的1/6进行平均分配，年度进行再平衡，测算出年度平均收益率、累计收益率和年化收益率，如表10-13所示。

表10-13　6大指数资产配置

时间	原油 WT1/%	黄金 COMEX/%	纳斯达克/%	沪深300/%	创业板指/%	中证综合债/%	平均收益率/%	累计收益率/%	年化收益率/%
2010年	15.15	29.41	16.91	−12.51	13.77	2.48	10.87	10.87	10.87
2011年	8.40	10.04	−1.80	−25.01	−35.88	5.55	−6.45	3.72	1.84
2012年	−7.34	6.98	15.91	7.55	−2.14	3.59	4.09	7.96	2.59
2013年	7.53	−27.78	38.32	−7.65	82.73	−0.42	15.45	24.64	5.66
2014年	−45.58	−2.13	13.40	51.66	12.83	9.74	6.65	32.93	5.86
2015年	−30.98	−10.37	5.73	5.58	84.41	7.95	10.39	46.74	6.60
2016年	45.37	8.63	7.50	−11.28	−27.71	2.12	4.11	52.77	6.24
2017年	11.52	13.29	28.24	21.78	−10.67	0.28	10.74	69.17	6.79
2018年	−23.78	−1.56	−3.88	−25.31	−28.65	8.12	−12.51	48.01	4.45
2019年	33.62	18.32	35.23	36.07	43.79	4.67	28.61	90.36	6.65
2020年	−20.90	25.11	43.64	27.21	64.96	2.97	23.83	135.73	8.11
2021年	55.82	−3.74	21.39	−5.20	12.02	5.23	14.25	169.33	8.61
2022年	7.05	0.08	−33.10	−21.63	−29.37	3.32	−12.28	136.27	6.84
2023年	−11.40	13.21	43.43	−11.38	−19.41	4.81	3.21	143.85	6.57

只考虑国内债券类和股票类资产，如何简化配置中的资产类型？以下是从三大投资目标出发，即预期收益、风险偏好、投资时间，通过构建权益类与固收类不同的比例，时间区间是2010年1月1日—2022年10月31日，所测算的数据结果，如表10-14所示。

表 10-14 简化配置资产类型的测算

投资目标	权益类%/固收类%	100%固收类	5/95	10/90	15/85	20/80	30/70	40/60	50/50	60/40	80/20	100%权益类
预期收益	历史长期平均收益率	4.10%	4.40%	4.80%	5.20%	5.60%	6.20%	6.80%	7.30%	7.80%	8.60%	9.30%
	任意一天买入持有3年/5年收益率区间	2.8%~5.7%	2.7%~6.3%	2.2%~7.0%	1.7%~7.7%	1.2%~8.4%	4.7%~8.0%	4.6%~9.0%	4.5%~10%	4.3%~10.8%	3.6%~12.4%	2.8%~14%
风险偏好	年化波动率	1.70%	1.90%	2.70%	3.60%	4.60%	6.80%	9.00%	11.20%	13.50%	18%	22.60%
	最大回撤	-4.90%	-5.10%	-5.60%	-7.80%	-10.60%	-15.80%	-20.60%	-25.40%	-30.20%	-38.70%	-46.10%
	最大回撤（2016年后）	-4.60%	-4.30%	-4.20%	-3.90%	-4.80%	-7.10%	-10.90%	-15%	-18.90%	-26.60%	-33.70%
投资时间	建议最短持有期	1年	1年	3年	3年	3年	5年	5年	5年	5年	5年	5年

数据说明：以沪深300全收益指数和中债总财富指数作为标准，时间区间是2010年1月1日—2022年10月31日，年度对权益类和固收类比例再平衡，收益率区间为10分位—90分位数，代表历史大概率区间。此表仅供示例参考，不代表单一基金或组合表现，也不作为实际投资推荐。

通过股债组合给客户做投资规划时，需要遵循以下"三步走"的配置步骤，即目标共识、策略构建、组合方案设计，如图 10-4 所示。

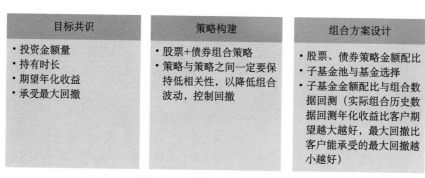

图 10-4　股债组合的配置步骤

（3）安全垫配置法。安全垫配置法是在客户本金不受损失的前提下建立的能提升组合收益的一种目标导向配置方法。表 10-15 用一个例子进行说明。

安全垫配置法需要根据客户对资产组合的年化收益率目标，在本金不受损失的前提下，才能建立；此法需要测算权益投资类部分的年化收益和最大回撤目标，根据目标再选择合适的基金组合进行配置，实际组合的年化收益比测算的年化收益越大越好，最大回撤比测算的越小越好，这样能够保证在足够安全边际的情况下做配置，也能够保证在未来多变的市场环境中承受更大的回撤。无论如何，在为客户配置完成后，都需要定期进行投后跟踪与检视，并及时与客户进行信息交互。

3. 怎么选择基金

挑选基金的要素众多，应该如何分析基金的好与坏呢？客户经理要像 FOF 基金管理人一样选基金。表 10-16 是挑选基金定量与定性评价指标体系与说明。在具体挑选与评价某只具体基金时，侧重点应放在投资能力模块的定量与定性分析上。

表 10-15　安全垫配置法示例

步骤	内容描述				
	"安全垫配置法"示例（以 50 万元资产为例）				
1. 现状回顾	产品名称	配置金额 / 元	业绩基准 / 年化	预期收益 / 元	综合年化收益
	现金管理类	50000	1.8%	900	2.43%
	固定收益类	200000	1.75%	3500	
		250000	3.1%	7750	
	备注：以上业绩基准为 2024 年 8 月市场大类产品平均业绩基准，现金管理类业绩基准为 1.8%、固定收益类中大额存单业绩基准为 1.75% 和净值化理财产品业绩基准为 3.1%				
2. 目标设定	客户综合收益率为 2.43%，经沟通，客户期待在安全垫（本金不受损失的前提下）综合收益率提升至 4%，可投资资金为 100000 元，投资期限为 5 年				
3. 方案设计	① 综合收益率：4%，即年化 20000 元； ② 固定收益类部分年化 9050 元； ③ 权益投资类部分需要实现年化（20000−9050）/100000=10.95%，即组合收益减去固定收益类收益，再除以权益投资类本金；最大回撤为 9050/100000=9.05%，即固收部分收益除以权益投资类本金				

3. 方案设计（续）

产品名称	配置金额 / 元	业绩基准 / 年化	预期收益 / 元	综合年化收益
现金管理类	50000	1.8%	900	组合收益区间预测：[0.41%，4.21%] 说明：如组合发生最大回撤 7%，即权益部分亏损 7000 元时，整体组合收益为 0.41%；如组合实现年化收益 12% 时，即权益部分盈利 12000 元，整体组合收益率为 4.21%
固定收益类	200000	1.75%	3500	
	150000	3.1%	4650	
权益投资类	年化收益目标为 10.95%，最大回撤为 9.05%			
	基金 1（股票型）40000	年化收益：17.6% 最大回撤：−32%	组合按照 40% 股票型和 60% 债券型比例进行分配，对组合进行回测后的年化收益为：12%>10.95%，最大回撤为 7%<9.05%	
	基金 2（债券型）60000	年化收益：4.3% 最大回撤：−3.6%		

表 10-16　挑选基金定量与定性评价指标体系与说明

项　目		单 项 指 标	说　明
投 资 能 力			
定量分析	历史业绩		（1）年化收益、绝对收益，根据历史排名进行评价； （2）特殊市场环境下收益
	风险收益特征		考察基金管理人的长期业绩，评估其超额业绩的获取能力、稳定性、持续性以及风险把控能力，对具体指标（如夏普比率、信息比率、Alpha、Beta、卡玛比率等指标）进行评价
	业绩归因分析		运用统计和量化方法对基金的收益进行归因分析，考虑其收益主要来源
	风险测评		根据基金的历史下行风险、最大回撤等数据，评价投资风险
定性分析	公司文化	投资理念	投资理念是否成熟严谨
	投研团队	团队成员	团队管理层和核心人员是否稳定
		从业经验	团队平均从业经验以及核心人员从业经验
		研究深度	管理人是否有成熟的投研体系
		激励机制	对核心投资团队的激励机制是否到位
	投研流程	投委会构成	投委会成员资质及背景评价
		投资决策流程	（1）是否有标准的投资决策流程； （2）投决流程是否科学合理； （3）是否严格执行
		投资风控制度	是否有标准的投资风控制度，风控制度是否科学合理
	投资组合	投资持仓与策略	（1）管理人持仓与策略跟投资理念是否一致； （2）管理人是否长期保持同样的投资风格
	投资业绩	产品业绩表现	管理人的业绩表现是否与投资风格和投资策略一致
非 投 资 能 力			
定性评价	公司评价	股权结构	股权结构是否适合公司长期发展
		组织架构	公司是否有完善的组织架构
		公司运营	公司运行与盈利情况是否合规良好
		管理监督机制	公司治理结构是否健全
		业务发展	公司经营情况是否稳定

续表

项 目		单项指标	说 明
定性评价	交易及运营评价	交易工作流程	交易流程是否符合标准
		运营工作流程	运营流程是否符合标准
		后台管理机制	后台管理是否符合标准
		信息管理系统	信息管理系统是否符合标准
	合规风控评价	内控指引	是否按照证监会要求下发内控指引
		信息披露管理	是否按照证监会要求进行信息披露
		风险事件处理流程	是否有突发风险事件的处理办法
		保密制度	是否有内部保密制度
		授权与汇报制度	授权与汇报制度是否符合标准

第三节 | 事件驱动营销"TIP"工具

一、"TIP"工具释义

"TIP"工具是事件驱动营销的有效工具之一。"TIP"逻辑框架是：以最新的市场热点、事件为切入点，这是引发与客户的沟通话题或谈资的入口；再结合市场热点、事件，引出适合当下的配置策略或观点；在做完充分的理念铺垫之后，再结合客户目前的状态给出适合的产品建议，如图 10-5 所示。

trend	investment strategy	proposal
市场趋势	投资策略	产品建议
✓市场表现或热点	✓探寻客户策略	✓总结建议
✓原因和持续性	✓专业策略建议	✓引出产品
✓对后市影响	✓引发客户忧虑与兴趣	

图 10-5 TIP 逻辑框架

"TIP"的具体运用过程中，有三点是特别要提醒注意的：一，市场趋势的切入须是和客户需求相关或客户感兴趣的话题；二，以终为始，推荐的产品要与客户需求相关；三，市场趋势切入引发的投资策略要与产品相关。这三个相关性在具体产品营销过程中至关重要，客户经理需要思考的是：客户在资产配置中的缺口有哪些，对于这些缺口的资产类型，客户比较感兴趣，或者客户对哪类资产有基本认知；基于缺口和兴趣需求出发，确定要推荐的产品类型，通过市场热点话题引发讨论，给出投资策略，进而与产品进行关联，最终通过"TIP"产品营销法实现销售的目标。

二、"TIP"工具内容解析

T 是市场趋势（trend），指国内外政策变化、金融市场变动，以及正反面的新闻及大事件。研究市场趋势，可以从数据的变化和故事性描述带给客户更直观的感受和对后期影响的思考。这是产品营销过程中的切入点。客户为什么要接受你的产品？需要你拉一把才可以，而在拉一把的过程中，最好的切入点是时事新闻，是市场趋势，是共情的信息内容，引导客户进入一个和他的投资需求、和你想要销售给客户的产品所相关的情境。利用市场趋势切入时，需要用事实信息引发，分析背后的原因和持续性，进而带出对后续市场的影响。这种影响对投资有直接影响，为第二步谈投资策略进行铺垫。

I 是投资策略（investment strategy），它是在市场趋势的基础上，面对市场和政策的风云变化，询问客户对此变化的投资策略，同时提供专业投资策略建议，继而通过专业策略引导，在理念上影响客户，帮助客户规划未来的投资方向。投资策略的内容是市场趋势的顺延，重点在于引发客户讨论和思考，听取客户对市场热点事件的看法以及对投资策略的想法，在此过程中给出专业的建议，同时要引发客户的担忧和兴趣。

P 是产品建议（proposal）。客户经理通过对市场变化的铺垫和投资策略的影响，提出专业建议，为后期产品（或方案）呈现进行铺垫，进而导出产品。产品建议是投资策略的顺延，通过在投资策略步骤中与客户达成的策略共识，提出具体产品解决方案。

第五篇

财富业务转型与发展之『势』与『志』

借宏观环境与微观行业发展之"势",明组织与个人发展目标之"志"。

第十一章

变革财富打理方式，每个时代都有每个时代的核心资产

　　财富管理业务转型与发展是一项系统性工程，是商业银行在发展与顺应新常态环境中变革的特定产物，是企业应对自身内部变化和外在环境的必然选择；无论是主动的，还是被动的，其核心目的都是期望通过转型，建立持久的竞争优势。在现实中，我们往往看到总行的战略层层推进到分行、支行网点，可谓步履维艰，落地过程中会存在诸多问题，如战略理解不到位、制度建设推进缓慢、落地路径不清晰等。

　　财富管理业务转型是一项复杂的系统工程，只有将自上而下的顶层制度设计和自下而上的基层执行规范相结合才能顺利推进，同时短、中、长期的详细推进规划是保证战略落地的关键。目前，越来越多的银行都想开展财富管理业务转型，但从长期管理的视角看，银行在财富管理业务的转型如果无法上升到"道"（企业使命愿景价值观）的层面，它就无法得到稳定的支持，自然也就无法穿过"领导们"的任职周期，我们也无法在多年后看到那株茁壮的参天大树。"种一棵树最好的时间是十年前，其次是现在"，这句话的道理我们都懂，但问题是，很多财富管理业务转型与发展是从银行自己的视角出发的，以至于他们看到的每一个客户需求，都带来非常明显的"反常识"商业逻辑。这大概就是财富管理最困难的地方。许多金融机构喊"财富管理转型"的口号非常响亮，但由于股东和管理层囿于"自己的常识"，难以做出"颠覆式"破坏，所以使许多美好的战略设想只停留在一纸文件上，难以执行下去。

第一节　｜　客户需求驱动变革：客户财富观变化的四个时代

国内银行的财富管理业务发展需要围绕客户需求进行业务变革。从根本上说，每个时代都有每个时代的核心资产，而每个时代的核心资产的变化都将驱动不同时代环境下银行财富管理业务发展的重心与侧重点。图 11-1 展示的是从 2003 年到 2024 年的财富管理观念的变化情况。之所以复盘财富管理变革的历史，是因为历史可以告诉我们很多事情，比如历史中有周期、有规律，能够为我们了解财富管理业务发展趋势提供充分借鉴。

一、2004 年财富业务前阶段：存款为王

我们通常把 2004 年作为财富管理行业的起点和元年，因为那一年有了第一只银行理财产品——光大银行发行了中国第一只银行理财产品（阳光理财 A 美元产品和阳光理财 B 人民币产品）。在这之前，基本上主流的财富打理手段就是存款。因此，2004 年是财富业务发展的一个非常重要的转折点。

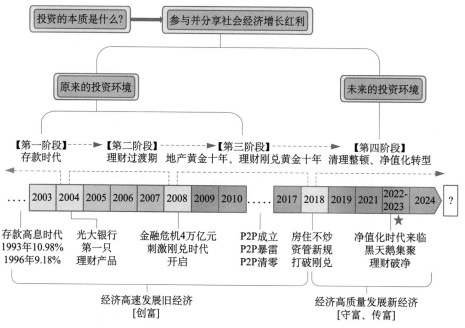

图 11-1　客户财富观的时代变化情况

二、2004—2008 年财富业务起步：理财萌芽期

银行理财产品问世之后，国内以股份制和外资银行为代表的银行快速跟进，尤其是外资银行，在 2005 年开始大量发行结构性存款理财产品。理财产品的发行让银行出现了"存款搬家"的现象，客户的财富打理方式开始进入"存款＋理财"时代。

与此同时，资本市场在 2005 年发生了一件最重要的历史事件，那就是股权分置改革。何谓股权分置改革？国内股市的最初阶段，上市公司大部分是国企，在这种环境下面临一个问题，就是当一家国有企业上市之后，如果它的大部分股票被一家民营企业买下，那么这家民营企业就会变成国有上市公司的大股东，试问这家上市公司的性质是国有还是民营呢？我们站在今天这个时点看这个问题很简单，但在当时涉及意识形态，是一个非常严肃的话题。为了解决这个问题，当时监管机构限制了国有企业上市。之后，大部分股票是不流通的，这就导致国有企业的经营跟二级市场股价"关系不太大"，同时也导致在 A 股市场流通股规模很小，容易被庄家"控制"，不利于股票市场的长远发展。必须把制度的瓶颈解决掉，便有了股权分置改革。股权分置改革圆满完成，催生了 2005—2007 年的三年超级大牛市，股指从最低点 1664 点升到历史最高点 6124 点，至今未被超越。2007 年，随着资本市场的起飞，还发生了一件对资本市场影响巨大的事情，就是公奔私。这是国内基金史上第一波大规模的公奔私。之所以在牛市环境下会出现公奔私的热潮，核心在于公募基金行业的机制。在当时那个年代，公募基金经理拿的是固定工资，不收后端的 carry（即超额业绩提成），因此基金业务做得再好，跟基金经理的收入关系不是很大。但私募基金可以在发行时跟投资人约定，按照超额收益部分计提业绩报酬，一般是 20%。举个例子来说，基金的业绩比较基准设置为 6%，对于超过 6% 的部分，基金层面可以计提 20% 的超额业绩报酬。因此，对于管理能力和盈利能力强的基金经理来说，超额业绩报酬是非常可观的收入增量。

到了 2008 年，次贷危机引发了全球金融危机。对国内客户来说，随着以投机为目的参与资本市场的投资被市场无情绞杀，投资心理又切换到对风险极度厌恶的一面。因此，从 2004 年到 2008 年，是客户财富观的萌芽过渡期。

三、2008—2018 年财富业务黄金十年：刚兑时代

2008 年到 2018 年是国内财富刚性兑付（简称刚兑）的兴盛时期，直到 2024 年，对于保本保息的追求和依赖，依旧遗留在大部分客户的投资习惯里。2008—2018 这十年，大部分客户的财富开始转变为"存款＋理财＋实体房地产"。不少人因从事财富行业而积累下自己的人生财富，这是一个故事纷飞、人心浮夸的阶段。用最简单的方式快速赚到最多的钱，几乎是一个"无风险"生意。大量的从业人员和机构前赴后继，如 P2P 公司、三方财富管理机构、地方金交所等。但是，站在今天的角度回头去看，走捷径的人都会或多或少

在最后付出代价。没有人能够脱离这一规律，侥幸生存者也并非自己运气好，只是时间没到罢了。

这时，特别值得注意的是，2008 年 11 月出了一个政策。为了推动基础建设项目的发展，地方政府为了更好地获取融资，专门成立了地方政府融资平台（企业属性）。地方政府融资平台在当时承担了地方政府发展建设融资的主力军，为当时的"铁公基"（铁路、公路等重大基础设施建设）项目建设起到了巨大推动作用，同时也为今天的化债"防风险"埋下了巨大的隐患。

2008 年至 2018 年刚兑十年给我们带来了一些非常重要的启示，财富的配置能够产生稳定的盈利到底是 Beta 收益还是 Alpha 收益。简言之，贝塔（Beta）是时代给我们的，不是我们自己的能力。我们只要踏上了宏观环境发展的列车，自然就会有好的结果。阿尔法（Alpha）是个人的能力，是在某件事情上超越其他人的程度。比如一个足球队，我们不能拿后腰和前锋去比较，因为这两个没有可比性，我们只能拿后腰和后腰相比，才能得出结论，看谁比谁好。财富行业在 2008—2018 年这十年发展得很快，很多机构在风口上飞起来，导致大部分从业者分不清到底是因为 Alpha 还是因为 Beta。很多成绩明明是由 Beta 带来的，一些从业者非要觉得是自己的 Alpha，还不遗余力地宣传包装，直到 2024 年基本原形毕露。

应该说，2018 年资管新规落地，基本上将财富管理业务拉向了一个新的时代纪元：刚性兑付、高收益时代彻底结束，财富行业和业务的游戏规则也全部颠覆。

四、2018—2023 年财富业务阵痛变革：净值化时代开启

随着资管新规的落地，2018—2022 年进入净值化时代转型的浪潮期和非标转标的振荡期。在这个过程中，我们可以看到新旧事物的两面。所谓旧事物就是死守在过往刚兑思维中的从业者和客户，他们被市场一次次"教训"。大量的项目、财富公司，甚至信托产品和信托公司，都出现了系统性"爆雷"。

新事物则是指标准化产品，得到了快速发展。新旧交替之间产生巨大的撞击，推动着中国财富行业不断向前。2019 年银行理财子公司的成立意味着国内财富管理业务正式进入新纪元，刚兑打破和净值化时代来临。与此同时，政策面对于房地产的基调发生了根本性的变化，"房住不炒"背景下叠加疫情影响、宏观经济增速放缓等因素，让过往负债率极高的地产行业岌岌可危，直到 2021 年恒大地产"爆雷"正式宣告一个时代的结束。

对从业者和客户财富打理方式的冲击最标志性的事件，是 2022 年 11 月因十年期国债收益率的快速上行而导致债券价格的下跌。债券价格的下跌引发净值化理财产品净值的大幅回撤，"狼真的来了"的市场才是真正的现实，这给从业者和客户都上了一堂课。无独有偶，伴随着资本市场疲软、居民高杠杆率、未来收入预期不乐观等因素，财富管理的风险偏好几乎降到了历史的冰点，大量的财富开始转向存款化和保险化，这对银行财富管理业务的发展也带来巨大的冲击和调整，为了实现业务的发展，在 2020—2023 这四年，众多商业银行的财富管理收入的支撑力来自代销保险业务规模的增长。

五、2024 年之后未来财富业务新时代：买方投顾时代终究会到来

值得从业者思考的是，财富管理业务到底采取什么样的商业模式才是正确的、可持续的。2024 年，国内财富管理业务的领军者招商银行开始推出基金手续费 1 折、银行理财产品达不到业绩比较基准则返回管理费，这些事件的发生或许预示着国内银行财富管理业务将进入一个新纪元，买方投顾时代即将到来。财富管理业务在本质上是链接资产与客户的一项服务，这项服务的核心一方面考验银行资产端的管理能力，另一方面也考验银行如何精准了解客户需求，给客户配置合适的产品来满足客户需求。

买方投顾模式将会大力推动财富业务真正转向以客户为中心，回归财富管理服务本源，不断提升产品配置专业能力，从而形成客户、银行、资产管理人之间相互促进、良性循环，最终实现多方共赢。

第二节 | 财富业务转型与发展变革之思："1+3+3+3"蓝图

在寻求财富管理业务转型的过程中，国内银行都在海外领先实践的基础上有针对性地结合国内市场发展特点加以调整。从全球最佳财富业务转型的实践经验来看，成功转型一般都具备三个要素：一是精细化客户分层，多渠道寻求财富管理目标客户；二是凭借差异化产品与专业服务，有效提升客户黏性与盈利水平；三是动态调整客户定位和业务策略重心。

基于以上三大成功要素，借鉴海外与国内市场的财富管理业务转型的成功经验，本书提出中国财富管理业务转型模型——"1+3+3+3"蓝图（见图11-2），期望帮助转型之路上的国内金融机构更好筹划，抓住未来机遇。

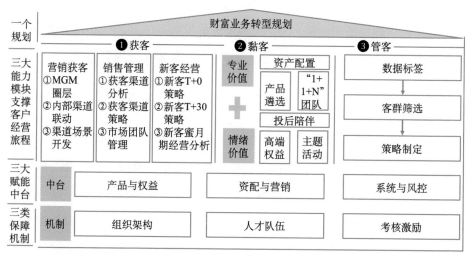

图 11-2 财富管理业务转型模型："1+3+3+3"蓝图

"1+3+3+3"蓝图，即"一个规划""三大能力模块""三大赋能中台"和"三类保障机制"。

"一个规划"是财富管理机构应结合自身资源禀赋，有针对性地设计财富业务发展愿景与核心目标，识别支撑其财富业务模式的核心战略主轴和规划落地实施的具体路径，具体包括对客户战略、产品战略、人才战略和科技战略进行的系统性规划。

"三大能力模块"是重点围绕财富业务的客户经营旅程（即获客、黏客、管客）建立三大核心能力：在获客模块，围绕营销获客、销售管理和新客经营建立标准化、专业化流程；在黏客模块，围绕两个核心价值（即专业价值和情绪价值），构建管理体系的配套；在管客模块，根据数据标签构建客户画像，输出具体经营策略。

"三大赋能中台"主要从产品与权益、资配与营销、系统与风控三大方面，强化专业中台对前端的赋能和支撑。

"三类保障机制"则侧重在组织架构、人才队伍、考核激励三方面进行必要的体制机制优化，为财富业务转型规划做好基础保障建设。

第十二章

顺应趋势，坚守初心，做自己与他人的金融顾问

面对着非标转型和净值化的时代环境，财富管理行业可谓百废待兴，有人说 2024 年是财富管理行业的至暗时刻，一边充斥着信托产品"爆雷"、私募基金"跑路"、银行净值化理财产品"破净"、保险行业预定利率调整与市场化挂钩等事件和资产荒的大环境，一边是客户对资产保值增值的旺盛需求，很多从业者感受到行业突然进入"困难"模式。其实，财富管理行业从未"容易"过，过去的"容易"从本质上说是特定历史阶段带来的，尤其是刚性兑付和无风险资产收益高，过去的"容易"逼迫我们去学习如何应对今天的"不容易"。

财富业务的核心是链接"资产"和"人""家庭"，是逆人性的。我们要做好两件事，一是让客户接受"资产配置"的理念，二是让客户心甘情愿地把资产按照我们所提供的解决方案进行配置。在这个浮躁的"造富"年代下，投资者急于赚钱，

多数客户经理会为了达到短期的业绩指标给客户许诺所谓的"高收益"，当然也不乏一些财富管理机构承诺给客户"稳稳的幸福"，事实上最后的结局是双输。逆人性的业务逻辑必须上升到"道"的层面，才有长期坚持的可能性。了解自己的欲望、合理控制自己的预期，认知和识别那些不切实际的诱惑，并日复一日地坚守一开始的目标，这或许才是财富管理业务的真正内核。

作为从业者，我想说，财富管理这项业务从来不缺技术含量，无论是基于对客户的 KYC，还是运用各种数量化模型做好资产配置去满足客户的真实需求，抑或通过有纪律性的方式满足客户在不同生命周期的收入支出差，这些在金融领域都是非常前沿的实务。财富管理是一项异常复杂的系统性工程，如果你想真正了解它，请你亲自下场，而不是临渊羡鱼。中国的财富管理行业需要的是实践者躬身入局，而不是以局外人的视角"高谈阔论"。

第一节 | 财富管理的最大难点是既让客户肯定我们又让客户否定自己

在财富管理服务过程中，宏观市场环境的变化和波动会对客户的情绪产生重大影响，情绪的变化和对市场的认知偏差会影响客户的判断、左右客户的决策。在这种情况下，客户经理应找准自己的角色定位：不是让客户盲目地肯定我们的决策，而是帮助客户审视自己的决策，通过提供专业化的市场分析和管理策略，帮助客户更好地理解市场，调整认知偏差，从而做出更明智的决策。

这是件极其不易的事。很多客户经理会说，这些事我们都在做，而且是重复坚持地在做，但还是有不少客户无动于衷。是的，多年的实践带给我的感受确实如此，因为让客户既肯定我们又否定自己，不是所有人都能做到的。因此，客户经理在提供财富管理服务的时候，一定要记住一句话："财富管理服务的最大奥秘不是改变客户，而是选择客户。"我们可以试图努力改变客户的投资习惯和风险偏好，但不要浪费太多时间，因为每个人的财务目标和风险承受能力是不同的，无法通过简单的一次、两次沟通就让客户做出改变来适应机构的策略。客户经理应该更加注重选择合适的客户，即那些与银行投资理念和风险管理方式相契合的客户，要把时间和资源花在与这些客户建立紧密的合作关系上，应更好地满足他们的需求，并实现双赢目标。一句话，我只服务懂我的人。有客户经理一定会说："我的客户本来就少得可怜，我还能去选择客户吗？"我过去遇到很多这样的客户经理。其实这个认知才是问题的关键，我们把大部分时间耗在现有的所谓"客户"身上，总想着一味去改变客户，一旦改变不了，就可能影响自己的情绪或为了实现一些目标而去迎合客户。

第二节 | 人生最后一份职业，做一个值得尊重与信赖的财富顾问

很多富裕人士之所以能够积累财富，大部分是因为他们在自己所在的领域是专家，几乎无所不知，但对财富管理领域的认知十分有限，有些人甚至可以说一无所知。面对纷杂的信息，如何识别并提升自己在财富管理领域的认知是众多富裕家庭的核心痛点。但是财富管理领域具有很强的专业性、长期性和复杂性，如果没有系统的知识、丰富的实践，则很难处理好。一位优秀的金融顾问需要花费长达数年的时间，去专门学习金融、经济、法律、税务等各方面的专业知识，并利用这些专业知识去不停地实践、修正，财富管理是一门负责的财务科学。财富管理的终极目标是让客户自身及其家庭成员过得更有选择权，更有自由度，更有质量。

纷繁复杂的财富管理世界里，专业金融顾问的价值是显而易见的，中国每一个富裕家庭都需要一位值得尊重与信赖的财富顾问。我一直在分享一句话：2024 年是财富管理最好的时代，也是最坏的时代。最好的时代，是说未

来真正会奖励那些站在客户视角并坚持长期主义的人；最坏的时代，是说还以过去的认识和路径去做财富管理服务的人在未来会更加艰难。在这样一个快速变革的时代环境下，每个人都会面临各种竞争和挑战，也会面临不同的选择。我写这本书的初衷，就是：想为自己咨询培训生涯的上半场做个阶段性总结，为开启自己职业生涯的下半场做个准备。结合自己的工作经历，我想说："人生的舞台，要么杰出，要么退出。"不论大环境如何，即使再不景气的行业，也有人能做到优秀。在任何领域内，事业成功的关键取决于我们有没有深度思考，有没有持续精进，有没有为了实现某个目标而付出奋力一跃的勇气。

虽然每个人的行业领域、职业熟悉度和兴趣爱好不尽相同，但有一件事情是每个人、每个家庭都同样关注的，那就是如何管理好自己的财富。不管处于什么样的人生阶段，无论是青壮年时期的财富创造阶段，还是中年时期的财富积累阶段，还是养老时期的财富传承阶段，要想借助财富享受幸福人生，都要为自己或者为他人做好财富管理。所以，财富管理是一门有温度的艺术，是每个人的最后一份职业。